AF267057

LE
CRI DE LA FRANCE

LA PAIX, LA GUERRE, LES TRAITÉS

PIÈCES DU PROCÈS

PAR

L. DE RICARD

Ancien membre du Conseil général de l'Hérault.

Potius mori quam fœdari.
La mort, non la souillure prussienne.

(Traduction alsacienne).

Deuxiéme Édition.

MARSEILLE

TYPOGRAPHIE MARIUS OLIVE

RUE SAINTE, 39.

1871

(Reproduction autorisée et recommandée.)

Marseille, Février 1871.

Nous lisons dans un journal de Marseille :

« On ne saurait lire, sans un vif intérêt, la brochure que vient
« de publier M. de Ricard, sous ce titre : *Le cri de la France* ».

« Eloquence, passion patriotique, érudition, preuves sans
« réplique, tout cela s'y trouve. On ne peut analyser de telles
« pages, on ne peut non plus citer les passages les plus remar-
« quables, car il faudrait trop citer. Nous préférons renvoyer
« nos lecteurs à la source elle-même, ils ne perdront pas leur
« temps ».

Nous avons lu nous-mêmes, dès lors, la brochure de M. de
Ricard et, convaincus que nul, mieux que lui, avec plus de
patriotisme, d'intelligence et de cœur, ne défend la sainte cause
de notre Lorraine et de notre Alsace, qu'ils veuillent les prendre
ou les neutraliser, nous en décidons la réimpression et la propa-
gation.

Nous espérons ainsi éclairer et soutenir la *sagesse* et le patriotisme de nos plénipotentiaires, inspirer à la France la haine du
Prussien, le courage de repousser, s'il le faut, par la guerre,
leurs injustes prétentions, et, si nos efforts échouent, de laisser
sur leurs crimes le stigmate de l'opinion publique indignée et
l'horreur méritée de l'histoire.

Les Lorrains et les Alsaciens de Marseille.

LE

CRI DE LA FRANCE

LA PAIX, LA GUERRE, LES TRAITÉS

PIÈCES DU PROCÈS

Béziers, ce 29 janvier 1871.

Potius mori quam fœdari.
La mort, non le déshonneur.

I

Un cri d'angoisse vient de se faire entendre de Paris.

Jules Favre à la Délégation de Bordeaux.

Versailles, 28 janvier.

« Nous signons aujourd'hui un traité avec M. le comte de
« Bismarck ; un armistice de 21 jours est convenu ; une assem-
« blée est convoquée à Bordeaux pour le 15 février ; faites
« connaître cette nouvelle à toute la France ; faites exécuter
« l'armistice et convoquez les électeurs pour le 8 février.
« Un membre du Gouvernement va partir pour Bordeaux.

« J. FAVRE ».

Une assemblée ! Un traité !

Recueillons-nous ; les circonstances sont suprêmes ; il s'agit
du sort d'une nation qui compte dix-huit siècles d'existence, de
grandeur et de gloire.

Qu'aucune défaillance ne se montre dans les élections qui
vont choisir nos représentants ; qu'aucune défaillance, une fois
nommés, ne se rencontre parmi eux, et que fortement trempés
et inspirés par la France unie et résolue, ils traitent de la paix
sans peur et sans reproche, ou poursuivent la guerre à outrance,
si nos sauvages envahisseurs sont aussi cruels dans leurs prétentions que dans leurs œuvres. *Potius mori quam fœdari !*

Que pour la Chambre, il soit bien entendu, dans un but d'union et de force, de nécessité, que nous nommons des plénipotentiaires ou des organisateurs de la victoire, non des députés politiques; une Convention avec son comité de salut public de paix ou de défense nationale, non une Constituante ayant mission de choisir et d'établir un Gouvernement.

Un Gouvernement! il ne nous faut en ce moment désespéré de déchirement de la patrie par l'Etranger, et de concentration absolument nécessaire de toutes ses forces pour la sauver, qu'un Gouvernement de défense nationale qui ne nous afflige pas du moindre déchirement par les citoyens, ne nous divise pas et s'appuie, par ses représentants, sur toutes les forces vives et honnêtes de la Nation. Dabord chasser l'Etranger par l'argent ou le fer, pas par autre chose ; nous gouverner ensuite.

Salus populi, lex suprema esto ! Voilà notre devise.

Que pour la paix, il soit bien entendu que nous ne la voulons que sûre et honorable, et que nous sommes décidés à la guerre, à la mort par l'ennemi plutôt qu'au suicide par nous-mêmes, en lui abandonnant un pouce de notre territoire, c'est-à-dire un seul Français qui ne veuille pas être Prussien. Maintenir et fixer devant l'Etranger, d'abord, notre nationalité, notre existence, et, une fois sauvée, la confier devant le pays de nouveau consulté, à un gouvernement de son choix, voilà quelle doit être notre unique pensée.

Que seule, en un seul cœur, elle nous anime tous quand nous irons au scrutin. Que toute la nation unie déploie le même drapeau, s'y range entière, armée en présence de l'ennemi, décidée à toutes les résistances, s'il le faut, et non à tous les sacrifices.

Il est patriotique que chacun de nous, avant d'aller au vote, y réfléchisse afin d'arriver, par des chemins différents mais toujours avec un cœur de Français, à cette pensée commune et unanime de salut.

Il est patriotique de la faire surgir et de la montrer, si c'est possible, à chacun des électeurs pour qu'ils s'y rallient, l'adoptent et en animent ses représentants ; à nos représentants, pour qu'ils l'imposent ; à nos ennemis, pour qu'ils sachent quelle est la résolution de la France et à quoi ils s'exposent s'ils la méconnaissent et persistent à nous fouler ; au monde, afin qu'il nous juge, nous estime et cesse, peut-être, de nous abandonner.

Il est donc patriotique à chacun d'indiquer les considérations qui, selon ses sentiments particuliers et personnels, vont créer cette pensée, au moment du vote, et la jeter dans le courant de l’opinion publique.

II

Deux sentiments m’animent, m’absorbent, l’excitent en moi la haine de l’étranger tel qu’il s’est fait connaître et l’horreur de ses criminels exploits ; l’amour de la France et de sa grandeur, et la crainte de voir introduire dans son histoire si belle, une page honteuse et pleine de désastres.

Deux manifestes ont paru qui ont dû émouvoir le Gouvernement et l’opinion publique : l’insolent discours de Sa Majesté Guillaume au Reischstag et la circulaire de notre Directeur des affaires étrangères, M. Chaudordy, contre le caractère calculé d’atrocité infâme donné à la guerre par nos ennemis, en dehors du droit des gens, des principes de l’humanité et de tout précédent militaire pareil dans le passé, même barbare (1).

Ni le Gouvernement, ni l’opinion publique ne s’en sont occupés, autant qu’ils le méritaient.

Ils devaient, à l’un, celui de l’Etranger, une réponse ; à l’autre, le nôtre, une conclusion.

Tant mieux que le Gouvernement ne les ait pas encore données lui-même. Il était Gouvernement, et comme tel, il en avait la mission ; comme tel, tout Gouvernement de la Défense nationale qu’il est bien, pour quelques-uns et pour nos ennemis, il est un *parti*. Sa voix, ils n’auraient pas manqué de l’amoindrir par des considérations injustes de position obligée et d’opinions politiques, qui n’ont rien à faire cependant dans la situation critique, épouvantable et désespérée où se trouve la France.

Reste l’opinion publique et, par là, il faut entendre non-seulement celle de notre Pays, mais l’opinion publique universelle : la France et l’Europe.

Tant mieux que le Gouvernement ne les ait pas données lui-même ; il substituera ainsi, en ce moment, à sa voix, celle de l’Europe, dans les conférences ; celle de la France et des électeurs, dans nos comices.

Si ces électeurs partagent les sentiments que ces documents m’ont inspirés, que j’ai refoulés comme *excessifs*, durant plus

---

(1) Nous choisissons ces deux pièces pour faire connaître les projets du roi de Prusse sur nous et la conduite de ses soldats contre nous. Nous avons ainsi un cadre pour les apprécier et les stygmatiser.

d'un mois dans mon cœur de Français, de patriote, d'homme et de père ; qui y sont restés, tout ce temps, vivaces et sans changement, malgré la réflexion; qui s'en exhalent, en ce moment impérieux, à travers la contrainte que je leur avais imposée et que j'affirme, aujourd'hui, au grand jour, violents, incapables, vengeurs, avec une conviction raisonnée et juste, une résolution froide et ferme, une conscience tranquille.

Par leurs votes, avec l'opinion publique, la France et l'Europe, ils ratifieront les conclusions qu'on doit prendre contre ce roi barbare et ses barbares soldats.

Leurs représentants, à la Chambre et dans le Congrès, les citeront à leur barre. L'acte d'accusation est prêt. Il existe : contre leurs paroles, dans ce discours au Reischstag et l'approbation servile que tous ses membres lui ont donné ; contre leurs actions, dans l'épouvantable récit qu'en a fait M. Chaudordy.

Leurs représentants prononceront leur sentence de condamnation et de remords devant la France et l'Europe.

L'Europe, malgré la lâcheté qu'elle a montrée devant nos envahisseurs, ne pourra la désapprouver : elle laissera passer sa justice, la justice de Dieu. Elle doit être, comme leurs crimes, consignée dans l'histoire.

III

A Berlin, le 24 novembre, devant le Parlement fédéral allemand, le futur empereur d'Allemagne a déclaré :

1° Repoussée « *par une série de victoires sans exemples, l'attaque que la France a dirigée en juillet contre l'Allemagne,.....* « *et entreprise sans aucun motif avec le consentement de toute la* « *nation française* ».

Menteur que vous êtes, ô roi ; l'agresseur, c'est vous, qui avez préparé la guerre pendant dix ans, qui, pendant dix ans, avez espionné votre victime et qui, une fois sûr de votre fait, l'y avez poussée par vos insolences, vos vols, vos guets-apens.

Nous avons voulu la guerre ? Oui, nous avons été les agresseurs *apparents*, en la déclarant et la portant étourdiment les premiers sur votre territoire, pour donner à un jeune prince le baptême du feu. Mais, n'avons-nous pas été poussés à bout par vos empiètements continus sur le Sud, depuis et contre le traité de Prague ; vos arrogances dans les questions du Luxembourg et des chemins de fer belges ; par vos tendances constantes à vous agrandir partout, et à nous abaisser partout, en Suisse, en Italie, en Espagne ? Non, non, nous n'avons pas voulu la guerre, nous n'avons pas été les agresseurs *réels*. En agissant de la sorte, sous la contrainte et la nécessité que vous nous aviez imposées, nous avons le droit strict de dire qu'en attaquant nous n'avons fait que nous défendre.

Ainsi de même vous obligiez l'Autriche à passer la frontière, en 1859, et quel homme éclairé, en Europe, prétendra que l'Autriche vous a fait politiquement, alors, une guerre offensive ? Et le pauvre Danemark, abandonné de tous, cette intéressante victime de votre rapacité et de l'abus de votre force, s'il avait eu la puissance égale à son courage de devancer votre attaque quand vous le menaciez de démembrement, qui eût osé dire qu'il était l'agresseur ?

Non, non, la guerre n'a pas été déclarée par la France ; elle n'a pas été *décidée sans motif*, pas plus qu'elle n'a été *entreprise avec le consentement de toute la nation*. Vous le saviez bien ; mais vous mentiez, quand vous déclariez que vous ne la faisiez qu'à Napoléon ; et maintenant que vous la poursuivez contre la nation française, à outrance et pour la spolier et la détruire, vous mentez encore, et vous voulez, en l'accusant de l'avoir voulue, excuser vos mensonges, vos excès et vos convoitises ! Menteur, menteur, menteur !

Menteur et de plus insulteur : insulteur de vaincus que tout a trahis ; insulteur de leur faiblesse momentanée. Ils s'en relèveront encore, s'il le faut ; ils se vengeront de vos dédains, insulteur, quand vous dites :

2° Acquise « *la conviction par le peuple français que sa force* « *actuelle ne saurait résister aux forces allemandes réunies* » ;

3° Et assurée, « *la conclusion de la paix, si notre malheureux* « *pays voisin* », ce pays, c'est la France ; ce crocodile qui pleure sur ses malheurs, c'est ce roi hypocrite, piétiste et cruel qui en est la cause ; « *si notre malheureux pays voisin avait un gouver-* « *nement dont les représentants considérassent leur propre avenir* « *comme inséparable du sien....... et une Représentation Nationale* « *élue pouvant s'exprimer sur son présent et sur son avenir* ».

Toujours menteur, et menteur hypocrite et barbare. N'est-ce pas vous qui, par des conditions inacceptables d'un armistice, avez rendu impossibles la réunion de cette Représentation, la formation de ce Gouvernement et la conclusion de la paix ?

La conclusion de la paix ! vous l'avez constamment écartée ;

voilà pourquoi vous ne prétendiez la traiter qu'avec des hommes que nous n'avions pas et que vous nous empêchiez d'avoir.

Aussi mentez-vous encore, quand vous la déclarez :

4° Impossible, au contraire, avec « *le Gouvernement actuel de la* « *France qui préfère sacrifier la force d'une noble nation* », noble est joli dans la bouche de Guillaume, « *d'une noble nation à un combat sans espoir* ».

Combat sans espoir ! nous verrons ! En attendant, respectez les nobles sentiments; noble est ici à sa vraie place, dans la bouche d'un Français qui veut qu'on soutienne ce *combat* et qui a *espoir* ; respectez les nobles sentiments de cette noble nation, résolue de poursuivre jusqu'à la mort les brigands qui souillent et ensanglantent le sol sacré de la Patrie. Respectez son *Gouvernement actuel*, à qui elle-obéit, comme elle ne l'avait jamais fait, quoiqu'il n'ait pas toutes ses sympathies et ses tendances; quoiqu'il soit sans force apparente, divisé de ses membres et cerné par vos armées ; à qui elle obéit cependant, quoiqu'il n'ait pas tout fait pour l'armement et l'instruction de ses troupes ; parce qu'il a ses passions et ses haines contre vous; que, mieux que tout autre, il est le Gouvernement de la Défense nationale et qu'il ne veut vous abandonner ni *un pouce de son territoire, ni une pierre de ses forteresses.*

Ne dites pas alors :

5° Si évident « *l'épuisement de la France par la continuation* « *de la lutte, qui doit tellement affaiblir sa force qu'il lui faudra* « *longtemps pour la remettre* ».

Est-ce de la pitié ? Nous n'en voulons pas de votre pitié ; mais vous n'en êtes pas capable. Vous aviez arrêté cet épuisement dans vos calculs et vos projets ; vous l'avez impitoyablement poursuivi ; il est acquis ; froidement vous le constatez, voilà tout.

Il nous faudra longtemps pour nous remettre, dites-vous ? Réjouissez-vous donc, mais soyez conséquent. Notre épuisement va faire votre sécurité. N'exigez plus de lui pour elle d'autres sacrifices. Notre corps meurtri par vos coups est là, abattu. Vous ne le craignez plus; mais notre cœur bat encore. Vous l'avez fouillé, il vous a été facile d'y découvrir notre haine contre vous ; elle déborde, elle est immense, elle sera éternelle. Dès lors, élevant ce sentiment de l'âme à la hauteur d'une force matérielle, vous déclarez vouloir vous prémunir contre elle et ses retours ; vous prétendez enlever à ce corps brisé quelques-uns de ses membres en nous prenant nos provinces frontières, et l'achever, ainsi mutilé, en déchaînant sur les provinces de l'intérieur votre Moltke qui « *ne veut laisser aux Français ni une arme ni une pièce de 20 francs, rien que des bâtons de mendiants* ».

Et vos Taufkirchen qui « *veulent sucer jusqu'au sang la Fran-* « *ce, afin que, pendant 30 ans, elle soit non-seulement pauvre,* « *mais anémique !* » (Textuel.)

IV

Qu'êtes-vous donc, grand Dieu, vous les chefs, qui pensez, commandez et agissez ainsi ? Voulez-vous que je vous le dise ? — Des assassins, des assassins ! Oui, Guillaume, le Roi, assassin ; — Moltke, le conducteur des armées, l'autorité militaire, Assassin ; — Taufkirchen, un Bavarois pourtant, le gouverneur de Reims, l'ambassadeur auprès du Pape, l'autorité civile, presque religieuse, Assassin ; — Et Bismarck, l'âme de cette horde ? Assassin, ce n'est pas assez ; mais notre France généreuse où sont inconnus de pareils crimes et de pareils monstres, n'a, dans sa langue, aucun nom pour les stygmatiser.

Que peuvent être, dès lors, les exécuteurs, soldats et civils, de telles volontés et de tels ordres ? Des voleurs, des bandits, des assassins ; bien plus, *une armée* de voleurs, de bandit, d'assassins !

Oui, des voleurs...... Oui une armée, une armée de voleurs..., O assemblage impossible et monstrueux de mots et d'idées si contradictoires !

Une armée ! cette suprême expression de la force brutale ; mais aussi, sévèrement disciplinée, fortement contenue et rigousement applicable seulement à des cas prévus par le droit des gens et les lois des nations ;

Une armée ! cette dernière raison des rois et des peuples pour les droits des nations méconnus ou violés, malheureusement encore nécessaire dans leurs hauts démêlés et leur luttes ; mais d'armées à armées, entre les combattants, entre les moyens seuls d'attaque et de défense ;

Une armée ! ce symbole de destruction dans l'ordre de la guerre, mais aussi d'ordre pour la société, de protection pour les citoyens inoffensifs, de défense et de respect pour les propriétés privées.

Une armée ! qu'en avez-vous fait, grand Dieu ! Vous en avez d'abord écarté tout cela qui neutralisait ses tendances mauvaises et diminuait ses épouvantements. Vous en avez écarté tout ce que la civilisation, depuis l'origine des guerres, y avait successivement et surtout, en ce temps-ci de progrès, introduit de justicee de droit et d'humanité ; puis vous en avez ressuscité, même outré les pratiques les plus barbares *des réquisitions ; du marchandage militaire ; du vol à domicile ; des rançons publiques et personnelles : du bombardement pour intimidation, vraie torture morale ; des otages, système inique des responsabilités indirectes et impossibles.* (Circulaire Chaudordy.)

Ainsi faisant, que sont auprès de vous les Brigands des Calabres, de la campagne de Rome, des montagnes de la Grèce ? De bien petits bandits. Ils n'ont pas, eux, des hordes innombrables, légalement recrutées, des fusils à aiguille, des balles explosibles, des canons Krupp, des bombes *incendiaires* et des obus à percussion.

Ils font le banditisme en petit ; vous le faites en grand, et, en vos mains, il devient un instrument *perfectionné* de violence, de pillage et d'extermination.

Votre nation tout entière armée, vous ne l'avez préparée que pour en *détruire une autre que vous voulez effacer.* (Chaudordy). Sous sa masse effroyable, vous broyez tout chez elle. — Vos canons, se chargeant par la culasse, à longue portée et à projectiles forcés, ont bombardé, «*pour l'obliger à se rendre, par le feu ou « la faim, une grande capitale toute pleine des richesses des arts, des « sciences et de l'industrie* » ; (Chaudordy). Ils foudroient également les villes ouvertes, les villages non défendus, les plus humbles chaumières. — Vos « *projectiles explosibles et incendiaires « brûlent les maisons, massacrent, de loin, les vieillards, les fem- « mes et les enfants. — Vos fusils à aiguille fusillent impitoyable- « ment, non-seulement des paysans soulevés contre l'Etranger, mais « des soldats pourvus de commissions et revêtus d'uniformes légali- « sés* ». (Chaudordy). Les chemins de fer eux-mêmes, ces auxiliaires de la richesse générale, facilitent vos déprédations et notre ruine, Ils vous permettent d'expédier à vos femmes et à vos familles des masses de notre « *argenterie, de nos bijoux, des pendu- « les, des montres, des châles, des fourrures, des dentelles, des « robes de soie, des vins* ». Vos princes eux-mêmes ne nous volent-ils pas nos mobiliers ?

« *Tout cela est le résultat d'un système réfléchi dont vos états- « majors poursuivent l'application avec une rigueur scientifique.....* « *Tout a été voulu et prémédité.... Vous n'avez profité de la civi-*

« *lisation moderne que pour perfectionner l'art de la destruction*».
(Chaudordy).

Et parmi vous, si instruits dans cet art, mais complètement
abandonnés par l'esprit de cette civilisation, il ne s'est pas trouvé
un seul homme de cœur, un seul homme de conscience qui ait
protesté et refusé, en brisant ses armes meurtrières, d'accomplir
de pareilles atrocités, portées à l'avance à *l'ordre du jour* de son
armée.

Et cependant, parmi vous, se rencontrent de bons pères de
famille, des hommes honorables et instruits, des citoyens des
hautes classes et de grande condition, des savants, des ingénieurs,
peut-être des ministres de la religion !

O dégradation de l'espèce humaine !

Tous, ô Allemands, tous, vous êtes des infâmes; quelques-uns,
si vous en avez une, vous êtes des *Mohicans sortis de l'Ecole poly-
technique*.

Impossible que vous ne compreniez pas l'horreur de vos forfaits et l'insatiable soif de vengeance qu'ils ont allumée en nous
contre vous.

V

Aussi, a-t-il bien raison, votre Roi, de regarder comme
6° Précaire « *la paix, si elle se conclut, à cause du souvenir de
« cette guerre du jour où la France, par le renouvellement de ses
« forces ou par une alliance avec d'autres puissances, se sentira assez
« forte pour entreprendre la lutte* ».

Il faut donc l'achever, ce sera le plus sûr ; mais avouez-le donc
tout de suite, puisque vous le pensez et le voulez depuis longtemps.
Cessez, alors, vos contradictions flagrantes ; ne nous parlez
plus de vos frayeurs devant le *renouvellement* possible *de nos
forces*, en même temps que de notre *faiblesse*, de notre *épuisement*
et de notre *impuissance* contre votre *Allemagne réunie !* Tout cela,
ne l'étalez pas si complaisamment, dans votre manifeste, en
présence de vos compères au Parlement réuni. Tragédie des tra-
gédies ! Allons, vite, quelle est notre carte à payer ? Montrez-la
donc . — Mais vous n'osez avouer, encore, toutes vos convoitises;
vous avez besoin de cette mise en scène, comique si elle n'était
cruelle et de la plus insigne mauvaise fois, pour déclarer :

7° Arrêtées et « *discutées publiquement les conditions auxquelles
« les confédérés seraient prêts à faire la paix* ». Pourquoi ne pas

tout bonnement dire : moi et Bismarck, mon. prop.... et mon ministre. « *Elles doivent être en proportion avec la grandeur des* « *sacrifices que cette guerre, entreprise sans aucun motif et avec le* « *consentement de toute la nation française, a imposés à notre* *Patrie* ».

Nous ne l'avons pas *entreprise* cette guerre, nous vous l'avons déjà dit. L'aurions-nous commencée et voulue, qu'après Sedan, la fuite et la déposition de l'Empereur, vous ayant proposé la paix, nous ne sommes plus responsables, depuis, de la continuation de la guerre. Cette tentative, quoiqu'elle nous coûtât, nous l'avions confiée à deux de nos plus grand citoyens, Thiers et Favre qui, tout bons Français qu'ils sont, n'avaient pas voulu, eux, la guerre, pas plus que leurs amis, pas plus par conssquent que *toute la nation française.*

Alors nous vous aurions accordé une indemnité d'argent. Nous le pouvions après tout. Rompant avec le passé, après la chute de l'Empire, et le liquidant, nous payions les fautes d'un gouvernement inepte et tombé ; la rançon de nos soldats plus malheureux que coupables ; et la délivrance, pour notre sol, d'un ennemi barbare et abhorré.

Vous l'avez refusée. Nous ne devrions plus rien ; mais nous vous l'offrons néanmoins, encore ; mais si vous ne l'acceptez pas, nous réclamerons, à l'avenir, des dommages pour votre refus, vos rapines, vos meurtres et vos ravages.

Contre vous, sans rémission et sans le moindre doute, pèse, à présent, l'accusation formelle de continuer une guerre sauvage et abominable, sans *aucun motif.*

Loin de nous celle de l'avoir entreprise de même.

Sans motif? Et le Hanovre volé, les villes libres esclaves ; Francfort supprimé ; la Hesse confisquée ; la Saxe asservie ; la Confédération du Nord d'Etats prussianisé, remplaçant la Confédération Germanique d'Etats souverains et indépendants !

Sans motif? Et la Confédération du Sud, disparue avec la Bavière et son roi inepte ; le Wurtemberg et son ministère vendu ; avec Bade, enfin, et son Grand-Duc parent ; le Mein, dès lors, complètement franchi ; et l'Autriche, notre seule amie, annihilée. Donc, une seule Allemagne dans la Prusse souveraine ; un seul peuple, une seule armée dans une nation ennemie.

Sans motif? Ne l'avez-vous pas vue et ne l'avons-nous pas sentie, arrogante et violente, cette Prusse, cette nation ennemie, se dresser debout, devant nous, autour de nous, contre nous, dans toutes les positions où elle pouvait se grandir, d'où elle pouvait nous abaisesr : en Hollande, montrer sa mauvaise humeur, presque ses menaces à un roi trop notre ami ; dans le Luxembourg, opposer son hautain *veto* à un arrangement librement consenti par les parties intéressées, qui nous grandissait bien peu comparativement à elle ; nous faire refuser par la Belgique un traité pour des chemins de fer qui pouvait bien intéresser nos compagnies, médiocrement notre politique ; secrètement en Suisse, en terminer un pareil, en faveur et contre nous peut-être ; à notre insu, sur les bords du Danube, substituer un de ses principicules à un de nos protégés ; en Italie, combattre notre influence justement acquise, à Florence comme à Rome, par nos trésors prodigués, et notre sang répandu ; en Espagne enfin, sans respect pour nos traditions séculaires de famille et de politique, tenter de faire asseoir sur son trône, grâce sans doute à une complicité chèrement achetée, un prince proche parent de son souverain.

Sans aucun motif ? Quand au-delà, et tout près de nos frontières, s'amassaient de plus en plus considérables des armées et des armements de plus en plus perfectionnés ; quand s'instruisaient aux grandes guerres leurs chefs, par des campagnes habilement conduites et heureusement terminées ; quand leurs espions de toute classe et de toute condition souillaient nos demeures, s'asseyaient à nos foyers et mangeaint notre pain ; quand enfin leurs soldats, aussi nombreux que [les citoyens, de peuples différents mais rangés dans les mêmes cadres, sous la même discipline et le même caporal, s'exerçaient à la guerre, en corps de nation, chez eux, sur toute la surface de leur territoire, comme dans un immense camp, aussi vaste que leur pays tout entier.

Et c'est nous qui avons entrepris cette guerre sans aucun motif ? O Allemands à tête basse et dure, impatientants à force de répéter indéfiniment et toujours les mêmes faussetés, les mêmes calomnies ! Nous, les écervelés, nous, si chatouilleux sur le point d'honneur, nous, que la moindre insulte fait bondir, nous avons, dites-vous, *entrepris* cette guerre ! Oui, mais c'est vous qui nous y avez poussés ; nous ; l'avons entreprise *sans motif ?* non, et c'est vous qui l'avez trouvé, bien approprié à notre caractère ; vous étiez prêts à la guerre, nous ne l'étions pas ; vous la vouliez, elle ne nous faisait pas peur.

Et vous avez chargé votre roi de nous le donner, ce motif ;

sous la haute et lointaine surveillance de Bismarck, il a exécuté fidèlement votre consigne.

De bien élevé qu'il est, il s'est fait grossier ;

De calme qu'il doit être, il s'est fait impatient ;

Il a péremptoirement refusé à notre ambassadeur de faire renoncer, pour toujours, son parent à la couronne d'Espagne ; il a refusé de le recevoir et, sur une promenade publique, dans une ville d'Eaux, en lui jetant une insulte à la face, il en a frappé la joue de la France.

Et c'est *sans aucun motif* que nous avons entrepris cette guerre !

Mais aussi, comment sommes-nous aussi chatouilleux, aussi impatients, aussi écervelés ?

Voilà pourquoi *les conditions de la paix doivent être en proportion avec la grandeur des sacrifices que cette guerre.... a imposés* à l'Allemagne ! Amère dérision !

Voilà pourquoi :

7° « *Ces conditions doivent avant tout établir une frontière* « *propre à défendre l'Allemagne contre la politique de conquête* « *exercée par la France pendant plusieurs siècles, en annulant* « *tout au moins les résultats des guerres malheureuses que* « *l'Allemagne, alors qu'elle était démembrée, a dû faire par la* « *volonté de la France, et en délivrant nos malheureux frères de* « *l'Allemagne du Sud de la pression résultant de la position me-* « *naçante que la France doit à ses conquêtes antérieures* » .

Enfin, le mot est lâché. Vous voulez notre argent ; il paiera vos *sacrifices* ; mais vous voulez de plus, et surtout, nos provinces, nos frontiéres, *pour défendre l'Allemagne contre la politique de conquête exercée par la France pendant plusieurs siècles.*

VI

Arrêtons-nous là : c'est phrase par phrase que nous allons examiner vos prétentions ; pied à pied que nous entendons combattre vos accusations. Ceci en vaut la peine. Non-seulement nous prétendons les renverser, mais encore vous convaincre de mauvaise foi, et les retourner, avec justice, à notre profit contre vous.

Et d'abord, examinons « *cette politique de conquête exer-* « *cée par la France pendant plusieurs siècles* », dites-vous. Ouvrons l'histoire ; qui l'a pratiquée, à l'origine des temps, dans la Gaule, notre berceau, dans ce pays qui s'étendait, entendez-vous, entre les Alpes, l'Océan, la Mer et le Rhin, depuis sa source jusqu'à son embouchure ? Des peuplades de Kimris et de Galls sorties, il est vrai, de l'Asie, point de départ des peuples, mais germanisées par leur passage et leur séjour en Allemagne; des Allemands (1).

N'étaient-ils pas des Allemands, exerçant, chez nous, *la politique de conquête*, ces Teutons et ces Cimbres, conquérants envahisseurs, qui, heureusement arrêtés et abattus par Marius, pourrissent à Pourrières ?

Encore des Allemands et toujours, avec eux, entraînant la *conquête*, ces Bourguignons et ces Francs qui s'emparent jusqu'au Rhin de la vieille Gaule des Gaulois et des Romains et, fusionnés avec eux, fondent, dans les mêmes limites, notre nationalité et la France ?

Ces Francs, une fois installés et stables, cessent un peu d'être Allemands, et c'est contre de nouvelles invasions allemandes qu'ils ont à combattre. Ils ne passent le Rhin que pour empêcher les Allemands de le traverser et ne livrent au-delà, des batailles que pour éviter, en deçà, d'autres *Tolbiac*. Si, jusqu'a Charlemagne, ils le franchissent, ce n'est point pour en conquérir la rive droite, mais pour y établir seulement des colonies militaires, de véritables postes avancés, *pour défendre la France contre la politique de conquête exercée par l'Allemagne pendant tous ces premiers siècles.*

Donc, jusque-là, durant cette période de près de trente siècles en Gaule, quelle soit Celte, Gauloise, Romaine ou Franque, sur ses premiers peuples, Celtes ou Galls; sur ceux qui successivement l'ont envahie et conquise, Kimris, Teutons, Bourguignons et Francs, c'est vous, Allemands, alors encore nomades et envahisseurs, qui avez exercé contre nous la *politique de conquête.*

De plus, jusque-là, durant ces trente siècles, les nombreuses invasions qui se suivent ont beau couvrir de leurs divers déluges d'hommes, le sol de l'antique Gaule, la submerger, y rouler, les uns sur les autres, les flots déchaînés entre ceux des peuples conquérants et conquis; les tempêtes de leurs intérêts et de leurs passions ont beau faire rage, les agiter et les soulever ; du sein des ces cataclysmes, toutes les fois qu'ils cessent et tombent, ce sol émerge peu à peu, complet et compacte avec les crêtes de

____

(1) Il faudrait Germains, comme au lieu de Français, plus bas, il faudrait Francs. La République gagne de clarté et de vigueur à cette dénomination historique anticipée.

ses Alpes et de ses Pyrénées, les bords de ses mers et les rives entières de son Rhin.

VII.

Sous Charlemagne, nous le franchissons, et portons chez vous la conquête. Mais depuis que les batailles de Testry et de Vincy ont donné sur la Neustrie la victoire à l'Ostrasie ; la royauté aux Herstall ; la couronne à Charlemagne, et aux Francs du Nord la domination, ces Français, plus rapprochés de vous, se retrempent sans cesse à l'élément Germain.

Charlemagne, notre empereur, vous l'acceptez si bien pour un des vôtres, qu'encore aujourd'hui vous le comptez, non pas parmi vos dominateurs, mais parmi vos plus grands souverains. Il est, du reste, plus votre ami que votre maître. Lui-même s'honore d'être Germain ; il ne séjourne que près de vous, à Herstell, à Worms, à Aix-la-Chapelle, nos villes alors, et on ne trouve que des noms germains dans son armée, son administration, même dans l'Église.

S'il vous conquiert, c'est pour vous apporter dans vos forêts et vos peuplades éparses, les bienfaits de la civilisation, de la religion et de la défense, pour son empire et surtout pour vous, contre de nouveaux et plus lointains envahisseurs, les Slaves, vos voisins. Devant ce grand empereur, devant ces Francs, vos aînés de 400 ans dans la civilisation antique et religieuse renouvelée, qu'étiez-vous, ô Allemands, barbares ? où étaient vos villes ? — O roi Guillaume, où étaient vos Prussiens ? A lui et à eux ne leur reprochez donc pas *leur politique de conquête !* Ils n'ont pas été vos *conquérants,* mais vos bienfaiteurs.

Cette justice, vos ancêtres nous l'ont rendue : ce grand homme, ils le revendiquaient comme leur appartenant ; vous le revendiquez encore vous-mêmes ; Louis, son petit-fils, qui fut votre souverain, à cause d'une affection réciproque, vous le surnommez le *Germanique* et non le *Germain* ; il était Franc, et attendait rester Franc, même en se donnant à vous ; tous ces Carlovingiens Francs, tous ces Charles, le Grand, le Chauve, le Gros, nos rois, furent vos empereurs. « *Ne vous glorifiez-vous pas alors, Allemands, Bavarois..... etc., comme d'une grande dis-* « *tinction, de porter le nom de sujets des Francs ! (1)* ».

Ce n'est donc pas encore pendant ce siècle, quand domine cet

____

(1) Moine de St-Gall, faits et gestes de Charlemagne.

Empire des Francs et peu après sa disparition, que la France a réellement exercé contre vous la *politique de conquête !*

En ces temps malheureux, on ne saurait, du reste, découvrir et établir aucun droit à travers ces guerres et ces batailles intestines ; ces élections, ces exaltations et ces dépositions de rois ; les meurtres, les révolutions et les catastrophes qui remplissent et suivent le démembrement de l'Empire et la fin de la famille de Charlemagne ; on n'en découvre aucun titre ; d'ailleurs *la force prime le droit,* en ce moment, comme dans d'autres époques de l'histoire.

Deux faits seuls en ressortent qu'il est important de constater. Ils sont incontestables.

VIII.

Charlemagne a reçu la Gaule, la France renfermée par le Rhin ; s'il l'a étendue au-delà, il ne peut pas l'avoir diminuée. Les pays qu'il y a ajoutés, en Allemagne, n'ont pas pu en absorber une partie. La France va donc encore jusqu'au Rhin ; premier fait.

Lors du traité de Verdun (843), lors du partage de son Empire, il se divise en trois parties : la France, l'Allemagne jusqu'au Rhin et l'Italie avec une lisière entre le Rhin, de ses sources à ses bouches, l'Escaut, la Meuse, la Saône, le Rhône et les Alpes ; lisière incapable perpétuellement d'être nationalisée et indépendante, à cause de ses quatre langues et de ses quatre peuples différents ; à cause de sa position précaire entre deux autres grands Etats.

Partage malheureux qui, loin de créer entr'eux un terrain neutralisé pour les séparer et éloigner leurs coups, ne fait que leur fournir un objet de convoitise pour l'Allemagne, de récupération pour la France, et pour toutes deux un théâtre constant, depuis, de leurs guerres les plus sanglantes. C'est la Lorraine, la part de Lothaire (Lotherreich) ; c'était un territoire français, c'est un démembrement de la France. Second fait.

Partage à jamais regrettable, démembrement désastreux qui, dès ce moment, imposent à la France « une existence nouvelle, « l'existence la plus périlleuse, la plus laborieuse qui, pendant plus de 1,000 ans de combats, d'efforts, de revers, de succès n'est pas encore terminée », et nous mène à l'effroyable situation présente. « Réduite à n'être plus qu'un des royaumes démembrés de « l'empire de Charlemagne, elle a tendu sans cesse, sans repos,

« à reprendre sa position et sa grandeur », disons sa sécurité seulement, « en s'efforçant de regagner sinon sa frontière naturelle, « sa frontière gauloise, au moins quelques-uns des pays qui l'en « séparaient, et dont elle pût faire une barrière contre ses ennemis.

« A partir de Hugues-Capet, la pratique traditionnelle des « rois de France consiste à reculer, à étendre les limites de leur « petit domaine jusqu'à ce qu'il atteigne les limites de l'ancienne « Gaule..... Ils n'ont pas de plan à ce sujet, pas de théorie, mais « ils ont un souvenir confus de la grandeur de Clovis et de Char-« lemagne, qui, *avec ses chevaliers français, avaient conquesté les* « *Allemaignes* ; ils ont enfin tout simplement, et comme la na-« tion elle-même, l'idée, le sentiment, l'instinct de l'unité fran-« çaise.

« Sous Louis VI, ce roi qui régnait à peine sur trois ou « quatre de nos départements modernes, on voit toute la France « féodale se porter avec ardeur sur la Meuse pour repousser « l'attaque d'un empereur germanique.... Sous Philippe le Bel, « elle n'accorde son alliance à un empereur d'Autriche que parce « que *concessum est quod regnum Franciæ usque Rhenum fluvium* « *potestatis suæ terminos dilataret.....* Charles VII, à peine « échappé des serres des Anglais, tourne les yeux vers le Rhin « et déclaré que le *roy de France a été dépouillé de ses limites* « *naturelles, qui allaient jusqu'au Rhin;* Henri II ayant annoncé : « *qu'il allait reprendre l'ancien héritage des rois de France, le* « *royaume d'Austrasie, et qu'il irait jusqu'au Rhin, toute la jeu-* « *nesse des villes se dérobe de pères et de mères pour se faire* « *enrôler, les boutiques demeurent vides d'artisans, tant était* « *grande l'ardeur en toutes qualités de gens de faire ce voyage* « *et de voir la rivière du Rhin* ».

« Richelieu croit que : « *la France doit avoir les limites que* « *lui fixa la Nature.* » Mazarin veut « *étendre nos frontières jus-* « *qu'au Rhin de toutes parts* ». Et Louis XIV revendique les « Pays-Bas, en disant que « *ces peuples n'oublieront pas que les* « *Rois de France étaient leurs seigneurs naturels même avant* « *qu'il y eût des Rois de Castille, qu'ils aimeront à rentrer dans* « *le sein de leur ancienne patrie* ». Quand il acquiert une partie « de la Flandre et du Hainaut, il constate que « *ces pays ont de* « *tout temps appartenu aux Rois de France et fait partie de son* « *domaine* (1) ».

(1) Th. **Lavallée** ; *Les Frontières de la France*

De l'un et de l'autre de ces deux faits, il résulte que toute tentative que fera la France, dès ce moment, contre vous pour défendre ou reprendre ce territoire afin de reconstituer son pays jusqu'au Rhin, sera une *politique défensive* ou de *revendication* pour elle ; *offensive* ou de *conquête* pour vous.

IX.

Ne nous parlez pas de vos droits acquis sur ces provinces par conquêtes, héritages, donations et traités, pendant les huit siècles suivants jusqu'à François Iᵉʳ. En ces temps de féodalité, de guerres intestines, religieuses, internationales ou lointaines pour toute l'Europe ; d'invasion étrangère et de faiblesse en particulier, de plus, pour la France ; d'anarchie et d'abus du système féodal, pour le monde entier, je n'en reconnais aucun de vos droits qui soit pur, qui ne soit contestable et qui puisse vous donner, sur quelque parcelle que ce soit de notre antique patrie, la moindre légitime prétention de souveraineté tout au plus de vassalité. C'est ainsi que votre Maximilien n'aurait jamais dû, comme dot de sa femme, Marie de Bourgogne, revendiquer ses domaines, qu'à la condition d'en faire hommage de vassal à nos rois, au même titre que Charles le Téméraire. C'est ainsi qu'il ne pouvait pas les détacher du Royaume de France pour les joindre au sien, d'Autriche, et ses successeurs en disposer.

Encore, pendant ce siècle, en Italie, en Belgique, en Hollande, en Lorraine, en Alsace, en Suisse, c'est vous qui exercez toujours la politique de conquête. Vos fréquentes invasions à Rome ; vos armées à Bouvines, Morgarten et Sempach sont là pour le prouver.

Sous Charles-Quint, parvenus par votre politique de mariages et de morts impossibles, contre nous et autour de nous, à un excès de puissance formidable et d'investissement absolu de nos frontières si diminuées, quelle politique nous laissez-vous ? Ne poussez-vous pas vos soldats jusqu'à Etampes, Château-Thierry, Meaux même ?

Il ne nous reste, sous cet Empereur, qui réunit, en ses mains, la puissance de l'Allemagne à celle des Espagnes, contre vos attaques, que la politique de défense ; nous perdons même, un moment, *tout, fors l'honneur ;*

Il ne nous reste, sous son successeur, tout réduit qu'il est à votre seul empire, contre vos envahissements sur Juliers, « *assis sur notre frontière* », que la politique de défense pour nous et de protection pour vos petits princes luthériens du Nord, pour l'un d'eux entre autres, tout simplement, alors, Electeur de Brandebourg (1600), ou l'Achille, l'Ulysse, le Nector, le Cicéron, ou l'Hector de nom, comme ses devanciers.

Il ne nous reste, devant cette colossale et envahissante maison d'Autriche qui, dépositaire de votre Empire et de vos forces, vous représente et nous enserre ; pose les pieds chez nous : au Midi et au Nord, de ce côté-ci des Pyrénées et des Alpes, presque sur la Somme, par ses alliances et sa consanguinité ; à l'Est, dans les Vosges et sur la Saône, par le Roi d'Espagne, par son chef, votre souverain, parent et co-héritier avec lui ; par vous-mêmes, Allemands, ses sujets ; Il ne nous reste que la politique du désespoir.

Contre ce cercle impitoyable et terrible qui nous étreint et va nous étouffer ; contre cette Puissance, dont nous ne sommes pas encore les égaux, en ce moment, par conséquent notre ennemie plus que notre rivale, sur le territoire de laquelle le Soleil ne se couche pas et qui cependant, parvenue à cette extrême limite de grandeur, répété toujours, insatiable, avec une furie de monarchie universelle, *Plus ultrà ! Plus ultrà* (1)! Au-delà ! Au-delà ! Encore ! Encore ! Il ne nous resterait que la *politique* du désespoir et de l'abdication, si la force du nombre était tout, en ce monde, et si *la force primait le droit !*

Mais déjà heureusement apparaît et s'affirme, mieux que dans le passé, comme une puissance, la Force des Idées. Elle va être la nôtre ; par nous, surtout, elles rayonneront, désormais, sur le monde, remueront les principes sociaux, les éclaireront et les jetteront, parmi les nations, dans les études de la théorie et les applications de la pratique. Nous en serons les essayeurs, chez nous, quelquefois malheureux et blessés, et les initiateurs, chez les autres, toujours chevaleresques et trop souvent punis.

Sans cet auxiliaire qui va exciter notre courage et inspirer nos hommes d'Etat, il ne nous resterait plus que la *politique du désespoir et de l'abdication* contre l'investissement et peut-être la *conquête* dont vous nous menacez, alors comme aujourd'hui, ô Allemands !

Mais nous voulons être un peuple ! 300 ans, avant vous, nous devinons le principe des nationalités ; nous voulons reprendre et fonder la nôtre. « *Jusqu'où allait la Gaule, jusque-là doit*

(1) Devise de Charles-Quint.

« *aller la France* », disait en 1600 notre grande Eminence rouge. Apparaissez donc, grands hommes qui marchez à notre tête et allez être les promoteurs et les illustres ouvriers de cette *unification* nationale, et de cette reconstruction du territoire français. Hâtez-vous, les ennemis les menacent, ils les ont bien compromises ; ils sont sur le point de les faire disparaître. Apparaissez, nos grands rois, nos grands ministres, nos grands citoyens. Henri II, Henri IV, Sully, Louis XIII, Richelieu, Louis XIV, Mazarin, le Conventionnel Carnot, Bonaparte, apparaissez. A l'œuvre ! Il est temps de la commencer. Entendez-les, ces ennemis, ces Allemands ; ils crient toujours : *Encore ! encore !....* *Plus ultrà! plus ultrà !.... Au-delà ! au-delà !....* Au-delà de la France envahie, franchie et soumise, c'est l'Espagne, c'est l'Italie ; ce sont l'Italie et l'Espagne réunies à l'Allemagne en territoires continus comme elles le sont déjà en alliances de politique et de famille ; c'est la monarchie universelle. *Nec plus ultrà !* le but est atteint ; *nec plus ultrà !...* Plus au-delà ! Assez.

Apparaissez. Relevez le défi que nous a jeté ainsi la maison d'Autriche, l'Allemagne. Elle nous environne. Ses soldats occupent les places fortes qui nous ont autrefois appartenu. Voyez-les, nombreux, Espagnols et Allemands, installés comme chez eux, en Flandre, en Artois, en Lorraine, Alsace, Franche-Comté, Roussillon. Est-ce possible ? La féodalité est détruite ; les grands *feudataires français* ne sont plus dans ces provinces, que nos rois et des héritages leur avaient données. Ils n'apportent plus au pied de leur trône leur *hommage* et celui de leurs *vassaux et villains.* Des héritiers, des donataires, des conquérants même, la plupart étrangers, rois et empereurs, les y ont remplacés, qui, ne reconnaissant plus leur *suzerain*, de qui ils sont censés tout tenir sous condition, ont brisé leur promesse de *féauté*, et se sont imposés en *souverains* indépendants à ce petit peuple dont ils ont augmenté le nombre de leurs sujets. Voilà ceux qui nous font la guerre, voilà ceux qui ayant si bien commencé, veulent achever de nous conquérir. C'est par trop fort. Ils ont violé leurs engagements ; ils ont perdu leurs droits. Achevez d'abord d'abattre tous ces petits feudataires français déjà si déchus que nous avons à l'intérieur ; commencez, là, notre agglomération en peuple sous un seul roi fort, même absolu ; nous voulons être un peuple.

A l'Espagnol, à l'Autrichien ensuite, à l'Allemand ennemi qui les réunit tous deux ; hors de nos provinces, l'Etranger ; nous

voulons être un peuple, nous voulons reconstituer notre nationalité.

Plus ultrà ! plus ultrà ! Nous aussi, en avant ! en avant !...
Au Rhin, aux Alpes, aux Pyrénées ! Nous voulons être un peuple ; nous voulons reconstituer notre nationalité ; nous voulons
reprendre nos frontières naturelles.

Aussi, voyez-vous, ne nous dites pas que c'est pendant ces
siècles qui vont suivre que *la France a pratiqué la politique de
conquêtes !*

X

Non, mille fois non. Politique de défense et de revendication,
voilà tout ; nous vous l'avons dit. Nous n'allons que nous défendre et que nous prémunir contre la vôtre. Dans deux cas
seuls, la guerre de Hollande, sous Louis XIV, et les conquêtes
outrées du premier empire, sous Napoléon, dont vos souverains,
soit de Prusse, soit d'Autriche, sont bien un peu responsables ;
nous nous reconnaissons coupables de l'avoir exercée. Ils avaient
dépassé nos limites naturelles ; ils 'en furent punis et l'opinion
les en blâma et se retira d'eux, même chez nous ; mais nous
avaient-ils bien avec eux, les nôtres, dans ces entreprises
cruelles, inutiles et insensées ? N'en avons-nous pas, eux et nous,
porté la peine ? Et l'histoire, juge impartial et inexorable, n'est-
elle pas là, entendez-vous, Guillaume, pour nous dire à tous,
même en ces temps où, moins qu'aujourd'hui, elle pouvait les
entendre, les jugements des peuples d'alors, notre désapproba-
tion et désaffection, dès ce moment, à nous leurs sujets, et l'ex-
piation que, eux et nous, en avons faite et dont nous souffrons
encore aujourd'hui ?

Ces concessions faites, nous sommes à notre aise ; nous n'en
ferons plus, par exemple, d'autres, et nous nous permettrons de
vous demander, ô Guillaume, roi de Prusse, empereur, dit-on,
d'Allemagne, par les humbles supplications des rois ses confédérés, nous oserons vous demander, ô majesté, quand, au milieu de
tous les événements qui vont suivre, la France « a-t-elle exercé
« la *politique de conquête* dans les *guerres malheureuses* que
« l'Allemagne, alors qu'elle était *démembrée,* a dû faire par sa
« *volonté* »?

Est-ce quand Henri II de Valois, notre roi, s'empare de Metz,
Toul et Verdun, ces trois places situées au sommet d'un triangle

intérieur, « comme trois ·clous fichés en cette terre et qui la
« tiennent soumise », après avoir traité avec quelques princes
protestants d'Allemagne « pour résister aux pratiques de l'em-
« pereur employées à faire tomber leur chère Patrie en une
« bestiale, insupportable et perpétuelle servitude, comme il a
« été fait en Espagne et ailleurs » ; quand ces princes promet-
tent de ne faire ni trêve ni paix avec l'empereur sans l'aveu du
roi de France, reçoivent de lui un subside de 60,000 écus par
mois, et trouvent bon qu'il attaque la Lorraine, « *s'impatronise*
« *au plus tôt, les villes de Toul, de Metz, de Verdun et qu'il les*
« *garde comme vicaire de l'empire ;* » quand surtout ce traité du
3 décembre 1551 porte, sous sa date, la signature : *Albert
Hohenzollern l'Achille et l'Ulysse, Electeur de Brandebourg ?*

Est-ce quand ce même roi oblige l'empereur de donner, par le
traité de Passau (2 avril 1552), à ces protestants confédérés, ses
protégés, la paix, avec la pratique et l'égalité de leur culte, la
liberté de conscience et fait défendre avec succès contre 60,000
allemands et 100 canons, par le duc de Guise, Metz pris encore
peu fortifié et trahi par cet Albert, vrai chef de brigands, dit
l'histoire, pillant également protestants et catholiques (1) ?

Mais alors les promoteurs de cette guerre *malheureuse*, c'étaient
l'Électeur de Brandebourg et ses confédérés qui nous y avaient
conviés par Maurice de Saxe afin de les défendre contre leur
empereur ; c'était *leur volonté* et non celle de la *France* qui,
l'*imposait* à l'Allemagne ; c'étaient ces Allemands qui *exerçaient
contre l'Allemagne la politique de conquête* en s'y taillant par le
traité de Passau, les plus grands lambeaux possibles de son empire, dans son territoire et ses villes impériales, libres ou ec-
clésiastiques ; non, la France qui, au traité de Cateau Cambrésis
(3 avril 1559), ne lui retenait que les trois évêchés, encore sur simple
consentement tacite, non écrit, et rendait généreusement la Savoie, la Toscane, la Corse et 186 villes ou châteaux, donnant
ainsi, alors, trois siècles avant, pour aujourd'hui, ô Guillaume, à
vos insignes calomnies contre notre ambition, à votre sauvage
invasion contre notre pauvre pays : la réponse la plus sans réplique *ad hominem*, le témoignage le plus évident de notre désinté-
ressement et l'exemple le plus écrasant, dans la guerre, de notre

______

(1) L'Empereur leva le siége après deux mois d'efforts et 11,000 coups de canon.
Ses soldats se débandèrent, ils tombaient par les chemins. Les Français les relevèrent,
les guérirent et les renvoyèrent, pendant que la Gouvernante des Pays-Bas envahissait
la Picardie et brûlait 700 villages. (*Histoire des Français.* Th. Lavallée, tome II, pages
342-344.)

mansuétude (siége de Metz) et de votre barbarie (invasion de la Picardie).

Mais alors, si l'Allemagne était *démembrée*, comme vous le dites, ce n'était pas notre faute, et, en soutenant les membres de votre famille qui mendiaient notre appui, nous n'en profitions guère de ce démembrement, nous ne l'augmentions pas le moins du monde ; nous le combattions au contraire ; nous vous avons réunis, fortifiés, grandis.

Encore une autre guerre pareille, *malheureuse*, pour l'Allemagne ; encore notre intervention en votre faveur, *pour une politique de conquêtes*, et, vous pourrez seul combattre l'empereur. Vous serez roi, ô électeur de Brandebourg, qui sait? empereur, vous-même.

Dans la guerre de 30 ans, vous êtes, toujours, à notre solde et sous notre protection. A côté de nos soldats, qui sont bien obligés de passer le Rhin et en Allemagne pour venir combattre l'empereur et vous défendre, sont les vôtres, ceux du duc de Mecklembourg, du landgrave de Hesse, du duc de Brunswick, et ceux de la Suède.

Est-elle *malheureuse pour l'Allemagne* en ne l'étant pas, *bien sûr, pour vous*, cette guerre, de laquelle, par notre appui, vous obtenez l'archevêché de Magdebourg et les évêchés de Halberstadt, Minden et Camin, sécularisés avec quatre voix à la diète ?

Est-ce *la politique de conquêtes* dont vous voulez parler au Reichstag, ô Guillaume, que la renonciation que nous obtenons pour nous de l'empereur aux trois évêchés, Metz, Toul, Verdun ; la cession de l'Alsace et de Brissac ; le droit de garnison dans Philisbourg et la promesse qu'aucune forteresse ne sera élevée sur la rive droite du Rhin, depuis cette ville jusqu'à Bâle ; la liberté de commerce sur le Rhin et ses *deux rives* ; et le concours amical de l'Allemagne pour nous faire obtenir la Lorraine ?

La Lorraine et l'Alsace nous avaient appartenu ; elles avaient été détachées de l'Empire des Français par les arrangements de Verdun. L'Alsace fut alors réunie à la Souabe et se reduisit, plus tard, à deux comtés faisant partie des domaines de la maison de Habsbourg, puis d'Autriche qui avait donc tout droit de nous la céder ou mieux de nous la rendre. Quant à la Lorraine, elle fut d'abord commune aux rois de France et d'Allemagne, plus possédée ensuite par ces derniers qui en disposèrent en faveur de leurs enfants ou de leurs parents ; elle changea plusieurs fois de mains, jusqu'à ce qu'elle se divisât en deux parties dont la Haute forma la province française actuelle, et, en 959, le Duché de Frédéric d'Alsace, beau-frère de Hugues Capet ; devenu héréditaire dans cette famille, elle y resta, en passant même à des Ducs français de la maison d'Anjou et de Bourgogne, jusqu'au moment où elle fut échangée contre la Toscane entre François III et Stanilas Leckzinski, roi de Pologne. Il nous la laissera à sa mort en 1766.

Est-ce pour l'affaiblir, cette Allemagne, *alors qu'elle était démembrée*, comme vous le dites dans votre discours, que, lorsque il faut conclure le traité de Westphalie, 24 octobre 1648, nous obligeons l'empereur, qui ne le voulait pas, d'admettre à traiter, en leur nom privé, l'électeur de Brandebourg, les autres princes et les autres états de l'Empire, nos alliés, mais ses vassaux ; que, dans ce traité, nous stipulons l'annulation, presque, de l'autorité impériale ; la liberté de conscience pour cet Electeur et ces Princes ; l'exercice plein et entier de la souveraineté sur leurs territoires et le droit de s'allier même à des puissances étrangères ?

Quand je vous disais que nous avions et faisions rayonner la puissance des Idées ?

Est-ce *ces résultats* que vous avez annoncé au Reichstag vouloir *annuler* ? Mais alors vous les annulerez tous ? Vous renoncerez à ceux que nous avons obtenus en faveur des vôtres. Vous bâtonnerez la signature que votre prédécesseur Frédéric-Guillaume, électeur de Brandebourg, a apposée, à ce traité, sous la médiation du roi de Danemark. Rapprochement bizarre de la destinée. Le Danemark, protecteur alors de votre parent, bien petit encore ; le roi de Danemark, votre victime à vous, si puissant aujourd'hui ? Nous déchirerons le traité de Westphalie ; il ne vous en coûtera pas beaucoup à vous, qui avez déchiré les traités de Londres, de Gastein et de Prague ?

Dans quel oubli de l'histoire, ô roi, êtes-vous ?

XI

L'Artois, la Flandre, la Franche-Comté, provinces de l'ancienne Gaule, détachées de l'empire des Français par le malheureux partage de Verdun, faisait partie du domaine féodal de Charles le Téméraire, vassal du roi de France; elles devaient donc hommage au roi et ne pouvaient pas être enlevées à son royaume pour être souverainement transmises ou partagées en don-

nations ou en héritages, par leurs possesseurs, à d'autres royaumes et souverains indépendants. Nous les trouvons, cependant,
dans la possession de l'Espagne. L'abdication de Charles-Quint
les lui avait données. Les victoires de Condé et de Turenne la
contraignent à nous les rendre par les traités des Pyrénées (1659),
d'Aix-la-Chapelle (1668), et de Nimègue (1678).

Ici, où est la politique de conquête ? Ici, dans tous les cas, elle
aurait été dirigée contre l'Espagne. — Contre l'Allemagne qui
l'exerce, dès ce moment ? Vous, ô Electeur de Brandebourg, qui
avez grandi sous notre protection, avez profité de nos traités et
de nos subsides; qui, n'en ayant plus besoin, de notre stipendié
devenez notre ennemi et Roi de simple Electeur (1701); vous
qui, dès lors, détournant de vos envahissements constants,
l'attention de l'Europe, en l'attirant injustement sur nous, con-
tinuez, depuis jusqu'à aujourd'hui, votre même politique de
conquêtes et de calomnies.

Il faut en finir avec ces accusations; elles ont amassé contre
notre pauvre France, contre l'ambition de nos Rois, une tempête
de haines trop effroyable. Toujours, depuis, comme en ce moment, vous ou vos prédécesseurs, vous avez parlé de liberté et
d'indépendance de tous les États menacés; vous avez ameuté les
peuples « contre le pays qui » disiez-vous « veut réduire l'Europe
en servitude » ; toujours depuis, comme en ce moment, vous ré-
pandez partout la fable stupide d'une monarchie universelle rêvée
par notre nation, fable qui a été, à votre profit, pendant plus d'un
siècle, un épouvantail et un instrument de guerre contre nous.

Non, non, nous n'avons pas exercée la *politique de conquêtes*;
non, nous, nous n'entendons pas « réduire l'Europe en servitude », nous ne rêvons pas la monarchie universelle; nous ne voulons que nos frontières naturelles, le Rhin, avec l'assentiment
de nos anciens Francs qui les habitent; nous les voulons aujour-
d'hui, tout accablés que nous sommes, aujourd'hui, plus que
jamais, parce que nous ne voulons pas tomber en *votre servitude*
et vous laisser prendre *la monarchie universelle* contre tous, à
vous, si grandis depuis hier.

Hier, en Allemagne, s'élevaient, en effet, les descendants des
Margraves de Nüremberg, des hobereaux de Hohenzollern,
de l'apostat Albert de Brandebourg, grand-maître de l'ordre
Teutonique, qui, pour séculariser la Prusse, avait embrassé les
doctrines de Luther (1525). — Ce jeune Etat allemand et slave,
peuplé de réfugiés protestants français, chassés par la révoca-

tion de l'édit de Nantes (1685), pauvre, sans barriéres naturelles, pure création de la politique et de la guerre, c'est-à-dire de la volonté, passe 30 ans, sous un brutal soudard, Frédéric-Guillaume, le roi-sergent, à amasser de l'argent, à discipliner des troupes à coups de canne, à administrer l'Etat comme un régiment.

Ce digne aïeul de Guillaume le Sanguinaire, craignant que son fils ne continuât pas ses plans, eut la tentation de lui faire couper la tête, comme fit le czar Pierre pour son fils Alexis.

Ce fils, qui fut le Grand Frédéric, ne plaisait pas à son père, qui n'estimait que les hommes de six pieds. — Il était petit, avec de grosses épaules, — œil dur et froid, quelque chose de bizarre. — C'était d'ailleurs un bel esprit, un philosophe avec des goûts immoraux et ridicules, grand faiseur de petits vers français, ignorant du latin, méprisant l'allemand, libéral en paroles avec Voltaire, despote en action. Aussi ce flatteur promettait-il un Titus au monde. « Il ne fut que le singe de Julien », dit Michelet, « comme l'empereur Julien avait été singe de Marc-Aurèle ».

La politique insensée de Louis XV, tantôt d'accord avec la Prusse contre l'Autriche, tantôt avec Marie-Thérèse contre Fréderic II ; l'indiscipline des armées françaises, l'incapacité de ses généraux, Soubise, Clermont, Contades ; le règne des favorites font la partie bonne au roi de Prusse et nous conduisent à la honte de Rossbach (1757).

Frédéric II avait certainement perfectionné la machine-soldat. — L'automate prussien faisait l'exercice et manœuvrait avec précision ; il tirait cinq coups à la minute ; à l'exemple de son roi, il se moquait de Dieu et ne craignait que la schlague.

Vers la fin de cette ignoble guerre de sept ans, à cette époque où l'aristocratie française était tombée si bas, éclate la grande pensée plébéienne, qui semble crier à l'Europe : « Ce n'est pas moi qui suis vaincue » ! — La Révolution s'avance irrésistible ; — Louis XV l'entrevoit avec épouvante, puis s'en console en se disant que « cela durerait toujours bien autant que lui » ! Son infortuné successeur Louis XVI, héritait de tout cela. Malheureusement lui et nous.

Tout cela ? La prise de la Bastille et de Versailles ! L'arrestation, la captivité et la mort du roi ! Les 20 juin, 10 août, 2 septembre et 21 janvier 93 ! ! La terreur ! !. Tout cela était horrible, mais ne justifiait pas, ô roi Frédéric-Guillaume III, votre guerre et votre manifeste si semblables à ceux d'aujourd'hui. Vous alors.

comme aujourd'hui votre successeur Frédéric-Guillaume V, vous déclariez « que tout *garde national* pris les armes à la main serait « *fusillé ; tous habitants* qui oseraient se défendre seraient *mis à* « *mort* et leur *maisons brûlées ;* tous les membres de l'Assemblée « nationale, du département...... de la garde nationale de Paris « étaient rendus *responsables* de tous les événements sur leur tête « pour être jugés *militairement,* sans espérer de pardon ; vous « déclariez que si..... etc., Votre Majesté livrerait Paris à une « exécution militaire et à une subversion totale ». (Manifeste du duc de Brunswick).

Comme il le fait, lui, en ce moment, vous ne pûtes, alors, exécuter vos menaces ; elles expirèrent à Valmy, à Jemmapes, à Fleurus. Etait-ce la France qui imposait *par sa volonté* une *guerre malheureuse* à l'Allemagne ? Et si la France républicaine atteignit, alors, sa frontière naturelle, la frontière Gauloise et Franque ; si nos soldats bivouaquèrent dans les cantonnements de Clovis et de Charlemagne ; si le drapeau tricolore allait, pendant 20 ans, flotter sur les villes Rhénanes, ce fut la faute de la Prusse, de l'Autriche, de l'Allemagne qui avaient les premières envahi notre territoire. Ce fut la Prusse qui, la première, nous reconnut ces revendications par le traité de Bâle (5 août 1795) ; l'Autriche par ceux de Campo-Formio (1797) et de Lunéville (16 mars 1801).

XII.

1801 ! Epoque glorieuse à laquelle on ne peut songer sans un profond serrement de cœur. Le Rhin, ce Rhin tant de fois convoité depuis Charlemagne, et que Louis XIV avait touché avec tant de peine, était conquis, le cadre naturel de l'ancienne Gaule rempli ; « Des peuples, séparés longtemps d'elle, s'y trouvaient « rejoints à leurs frères ». Et cela de leur plein consentement comme de celui de leurs anciens souverains. Pas de récriminations alors ; pas d'accusations vraies aujourd'hui. Qu'elles s'adressent à l'ambition insensée de l'homme qui nous gouvernait alors, qui allait dépasser nos limites naturelles, par un système monstrueux de réunions et de démembrements d'Etats, bouleverser l'Europe et ramener la France, à la fin de ses aventures, vaincue, haletante, affaissée, dans son ancien territoire de nos rois, à l'abri de la frontière modeste et salutaire, quoique encore réduite, de **Louis XIV.**

Il ne dépendit pas, alors, de la soldatesque germanique même de la lui enlever. L'Allemagne demanda le démembrement. « La « carte en fut dressée, dit-on, par l'état-major prussien : ce plan « nous enlevait, sauf quelques points peu importants, toute la « zône frontière conquise et construite avec tant de soins et de « travaux, avec tant de génie et de patriotisme par le grand « roi, l'œuvre impérissable de Vauban et de Louvois. Cette *fron-* « *tière de fer* qui avait sauvé la France en 1712, en 1793, qui « l'aurait sauvée de nouveau alors, en 1814, avec plus de pré- « voyance, qui l'aurait sauvée en 1815 sans la trahison ! » (*Les Frontières de la France*, par T. Lavallée), et qui, aujourd'hui, avec plus de prévoyance et moins de trahison aurait empêché d'être aussi mauvaise la situation présente.

« En résumé, les alliés voulaient nous prendre la Flandre et « le Hainaut, partie de la Champagne, toute la Lorraine, toute « l'Alsace, partie de la Franche-Comté, toute la Savoie, ou bien « le département du Nord, parties du département du Pas-de- « Calais et des Ardennes, les départements de la Moselle, du « Bas-Rhin, du Haut-Rhin, parties du département du Doubs, du « Jura, de l'Ain…. Ils étaient ainsi résolus à ôter à la France non « pas seulement tout moyen d'attaque, mais tout moyen de dé- « fense. Le vainqueur ne voulait la quitter que dépouillée, désar- « mée, mise à nu, ouverte à toutes les agressions comme à tous « les outrages ». (*Id.* T. Lavallée).

Est-ce le sort qu'on nous réserve aujourd'hui? Il y a tout lieu de le croire pareil, s'il n'est pire. Nos détrousseurs d'au- jourd'hui sont les mêmes que ceux d'alors. Ils sont seuls seule- ment et sans contrôle. Ce plan de démembrement fut adopté par l'Angleterre. Elle a trop peur aujourd'hui pour s'y opposer. Elle est neutre. « M. le duc », dit Alexandre à notre minis- tre des affaires étrangères , « voilà la France telle que nos « alliés veulent la faire ; il n'y manque que ma signature, » je vous promets qu'elle y manquera toujours « . L'Ale- xandre de ce jour est impatient de la donner à son com- plice. Il l'a acclamé empereur d'Allemagne. Il lui tarde qu'il en finisse avec nous ; il veut en finir, lui, avec l'Orient.

Peut-être, espoir désespéré, qu'il sera écrit à Bismarck : « Comte, je croyais, en rentrant en France, régner sur le « royaume de mes Pères » . C'est mari qu'il faut lire. « 'Il pa- « raît que je me suis trompée. Je ne saurais rester qu'à ce prix. « Croyez-vous que votre Gouvernement consente à me recevoir,

« si je lui demande un asile (1) » ? Est-elle possible, Français, cette lettre ? Serait-elle écrite, que le renard Bismarck, qui l'aurait provoquée par ses négociations, tentatrices uniquement pour son intérêt, devenu loup qu'il est, répondrait sans se dessaisir de sa proie, par un gros juron allemand.

Si c'est le sort qu'on nous réserve, un seul moyen héroïque de la lui faire lâcher, c'est tous, de nous écrier comme un courageux et fier ministre de cette époque, le duc de Richelieu : « Vous voulez une nouvelle guerre de 25 ans, vous l'au« rez. L'armée de la Loire peut être en peu de jours rétablie et « doublée. L'armée vendéenne entrera dans ses rangs, et la « France nouvelle se montrera plus redoutable que la France « impériale » . (Paroles du duc de Richelieu au duc de Wellington en 1815) .

XIII

Examinons, en effet, si nous pouvons, en réduisant les appétis de Bismarck et nos sacrifices à la Lorraine et à l'Alsace, lui céder ces deux provinces. Si nous ne le pouvons pas et qu'ils les veuille, la paix n'est pas possible. Force nous sera de lui reparler guerre et de la lui promettre, s'il faut, pendant 25 ans, indéfiniment.

Quelques personnes paraissent croire que la possession de la Lorraine et de l'Alsace n'est pas d'un grand intérêt pour la France, et que leur perte l'affecterait peu dans ses destinées et sa puissance. A ce point de vue, elles en font bon marché. Mais il ne faut pas l'évaluer à l'étendue de leur territoire comme au chiffre de leur population, mais à leur position. Ce sont des provinces frontières. Or, si l'on considère que seules, de toute la ligne qui les forme depuis Dunkerque jusqu'au Rhin, à Lauterbourg, et à partir de là au long du Rhin jusqu'à Bâle, elles sont en contact immédiat avec l'Allemagne, tandis que nos autres provinces sont abritées par les Etats neutres de la Belgique et du Luxembourg, on comprendra tout de suite leur importance sur cette simple observation et combien il est prudent d'examiner quelles conséquences entraînerait leur abandon.

---

(1) A ce noble langage on reconnaît un descendant de St-Louis. Il se signe lui-même; c'était Louis XVIII.

« Trois parties de toute notre frontière sont surtout impor-
« tantes : ce sont celles qui se trouvent à l'origine ou sur le che-
« min des trois grandes vallées qui convergent sur Paris, c'est-à-
« dire des vallées de l'Oise, de la Marne et de la Seine, routes
« naturelles de l'invasion étrangère. La vallée de la Marne n'a
« pas son origine sur la frontière, mais on y peut arriver par
« Vitry, par l'espace entre Vosges et Moselle, où l'on ne trouve
« que les faibles obstacles de Marsal et de Toul. C'est pour ga-
« rantir cette entrée de la France, qui se trouve seulement pro-
« tégée sur ses flancs par les places de la Moselle (Metz, Thion-
« ville, Sierck), et par celle des Vosges (Bitche et Phalsbourg)
« que Louis XIV, passé maître en fait de fortifications, s'empara
« de Sarrebruck et le fortifia, et que les alliés, pour tenir ouverte
« cette entrée de la France, nous l'ont enlevé en 1815 ». (T. Lavallée.) En perdant la Lorraine, nous perdons toutes ces places ;
nos ennemis sont sur la Marne, dans les plaines de la Champagne. Plus d'obstacles. Ils sont à Paris.

« La 3me vallée, celle de la Seine, n'a pas son origine sur la
« frontière, mais on peut y arriver par Bâle, Belfort et Langres.
« C'est là ce qui fait l'importance de la dépression comprise en-
« tre les Vosges et le Jura, ou de la *Trouée* de Belfort, par la-
« quelle on entre en France comme par une grande porte, et
« l'on va partout, dans la vallée de la Meuse, dans celle de la
« Somme et surtout dans celle de la Seine. Par cette funeste
« trouée, le Rhin, le Jura et les Vosges, les places de l'Alsace et
« de la Franche-Comté se trouveront ainsi annulées ; enfin, toute
« la magnifique frontière du N.-E., avec sa triple ligne de places
« fortes, peut-être tournée et rendue inutile. C'est la partie la
« plus vulnérable de la France, et la fermer à l'ennemi est une
« *question de vie ou de mort* ». Qui parle aussi d'une façon si
convaincue ? C'est un de nos écrivains de géographie militaire le
plus éminent et le plus spécialiste, M. Théophile Lavallée dans
ses *Frontières de la France*.

Quand sous Louis XIV les Suisses s'étaient engagés à empêcher de passer le Rhin par les villes *frontières*, et le prince évê-
que de Bâle nous avait concédé, en cas de guerre, de mettre des
troupes sur son territoire ; quand nous avions fortifié Huningue
dont le canon battait le pont de Bâle et rendait cette porte de
la France inabordable à l'ennemi. Vauban, le grand Vauban, ce
maître en fortifications et en défenses, aurait voulu fortifier Paris,
c'est-à-dire le point objectif de la trouée de Belfort et de toute la

frontière. C'est par cette trouée de Belfort et la vallée de la Seine, qu'en 1814, les alliés marchèrent sur Paris ; c'est là ce qui les a portés, en 1815, à exiger la démolition de *Huningue*, pour que la porte de Bâle restât ouverte à l'invasion. Enfin, c'est là ce qui décida le gouvernement de 1830, la neutralité de la Suisse n'étant pas assurée et Huningue étant démolie, à fortifier Paris.

« Donc, sans l'Alsace et la Lorraine, la France n'a plus de
« frontières et devient, sur une étendue de plus de 40 lieues, un
« pays complétement ouvert. La Bourgogne, les vallées du
« Doubs et de la Saône sont à la discrétion de nos ennemis. Du
« haut des Vosges ils peuvent toujours fondre sur nous, et cette
« ligne qui s'étendrait de la Suisse aux frontières du Luxembourg,
« sans présenter aucun point d'appui stratégique naturel, est
« trop étendue pour qu'on puisse songer à la défendre par des
« places fortes. Paris ne serait donc plus couvert que par les
« plaines de la Champagne. La capitale de la France serait en
« l'air, et, dans le cas d'une attaque, la première bataille devrait se
« livrer pour ainsi dire sous ses murs ; la véritable ligne natu-
« relle se trouverait reportée sur la Loire. Ce n'est pas la peine
« qu'on nous demande de signer, on exige que nous nous met-
« tions à la merci de la Prusse ». A ce cri patriotique et éclairé du marquis de Noailles joignons, pour convaincre les plus indiffé-rents, quelques lignes empruntées à une lettre très-remarquable de l'éminent Vauban, l'homme le plus patriote et qui a le mieux connu notre défense nationale, l'œuvre capitale et pas suffisam-ment admirée de toute sa vie. On n'en revoquera pas la compé-tence. Il s'agissait, avant le traité de Ryswick, de rendre Luxem-bourg et Strasbourg, pas l'Alsace, pas la Lorraine, cette dernière ne nous appartenait pas encore définitivement. Ecoutez les trans-ports d'indignation de ce grand citoyen, de ce grand ingénieur, même devant et contre son roi qui allait le signer : « Ils écrivent
« que nous avons en dernier lieu offert Luxembourg et Stras-
« bourg… Si cela est, nous fournissons à nos ennemis de quoi
« bien nous donner des étrivières. Un pont sur le Rhin et une
« place de la grandeur et de la force de Strasbourg, qui vaut
« mieux elle seule que le reste de l'Alsace ; cela s'appelle donner
« aux Allemands le plus beau et le plus sûr magasin de l'Europe…
« pour porter la guerre en France…. Je ne vous ai paru que
« trop outré là-dessus ; il vaut mieux me taire de peur d'en trop
« dire. Ce qu'il y a de certain, c'est que ceux qui ont donné ce
« conseil au roi ne servent pas mal ses ennemis…. Luxembourg

« et Strasbourg. » Lisez à la place de Luxembourg, qui ne nous appartient plus, Metz, qui a besoin de redevenir en notre possession et qui en tient la place ; « Metz et Strasbourg sont les meil-
« leures places de l'Europe ; il n'y avait qu'à les garder ; il est
« certain qu'aucune puissance n'aurait pu nous les ôter. Nous
« perdons avec elles, pour jamais, l'occasion de nous borner par
« le Rhin ; nous n'y reviendrons plus ..... Tout ce que la France
« a fait depuis 40 ans ne servira qu'à fournir à ses ennemis de
« quoi achever de la perdre. Que dira-t-on de nous présente-
« ment ?..... Les Etats se maintiennent plus par la réputation
« que par la force . Si nous la perdons une fois, nous allons de-
« venir l'objet du mépris de nos voisins, comme nous sommes
« celui de leur aversion. On nous va marcher sur le ventre et
« nous n'oserons souffler..... »

Je n'en transcris pas davantage. Ah ! que ce souffle d'indigna-tion qui s'échappe d'une poitrine si française parce que l'on voulait nous enlever Strasbourg seul ; ah ! que ce souffle encore chaud aujourd'hui, tant il était brûlant alors, d'amour de la Patrie. Ah ! qu'il pût courir, en ce moment, par toute la France, si on ose lui demander l'Alsace et la Lorraine, et quand on veut lui *marcher sur le ventre*, l'écraser.

La question stratatégique de défense, de vie est résolue et bien résolue quand elle l'est par des cœurs aussi patriotes, des esprits si éclairés et des hommes si éminents : Vauban, le duc de Riche-lieu, le marquis de Noailles, Théophile Lavallée, Louis XVIII. Donc, au point de vue de nos intérêts les plus nécessaires, nous ne pouvons céder la Lorraine et l'Alsace, rien de la Lorraine, rien de l'Alsace.

XIV.

La possession de ces deux provinces, si indispensables à notre sécurité, l'est-elle, au même degré, pour celle de l'Allemagne ? Bien différente est la situation. « Sans être excellente, sa frontière,
« sur la Sarre, est meilleure que la nôtre. Mais derrière se trouve
« la ligne du Rhin qui, avec les montagnes abruptes qui l'enve-
« loppent et les forteresses de Mayence, de Coblentz et d'Ehren-
« breintstein, constitue peut-être la plus forte ligne de défense
« qui soit en Europe. Battue sur la première, elle est protégée
« sur la seconde par le Rhin qui la rend invulnérable. Tout ce
« qu'on peut dire, c'est que cette province où se trouvent ces.

« forteresses et qu'il faut traverser pour aller au Rhin, cette
« partie de l'ancien Palatinat, qui a été enlevée à la France,
« pourrait se trouver, en cas de revers militaire, exposée à une
« invasion ». (Marquis de Noailles).

C'est donc pour protéger cette province que notre Lorraine lui
serait quelque peu utile ; mais comment la Lorraine elle-même,
à son tour, pays ouvert, sans points d'appui naturels, avec une
frontière moins forte que celle de la Sarre, sera-t-elle protégée
contre nos agressions futures qu'on suppose ? Et la Champagne
ne lui deviendrait-elle pas bientôt nécessaire pour se couvrir ?
L'importance de la Lorraine n'est donc pour l'Allemagne que
dans Metz. Pourquoi ne bâtirait-elle pas, dès lors, une forteresse
analogue, chez elle, en arrière de la Sarre ?

Le même raisonnement peut s'appliquer à l'Alsace ; si on ne
trouve pas suffisante la ligne du Rhin, qu'on la couvre de forteresses, sur sa rive droite, et que par là on la rende infranchis-
sable. Elle est, du reste, très-forte. « De ce côté, le Rhin forme
« la première ligne de la défense allemande ; et il est tellement
« dominé de près, par la masse montagneuse de la Forêt-Noire,
« que nulle agression n'est à redouter ; et, de l'avis des juges les
« plus compétents, toute attaque, de ce côté, serait une entre-
« prise téméraire ». (Marquis de Noailles).

<h2 style="text-align:center">XV</h2>

Il n'y a aucune nécessité de défense pour l'Allemagne dans
la revendication de ces provinces, pas davantage une nécessité
d'obtenir, là, une frontière naturelle qui, au point de vue d'une
indépendance nationale absolue, pourrait amoindrir, un peu,
l'emploi odieux de la violence. L'Allemagne n'obéit plus, dès
lors, qu'à un esprit de conquête et de convoitise pour nos territoires et de haine contre nous. « Ce n'est pas une barrière pro-
tectrice qu'elle veut » élever entre deux peuples voisins, mais un
fer rouge « qu'elle veut enfoncer dans le cœur de la France ».
(Marquis de Noailles.)

Pour en finir avec elle, et ses prétentions, énonçons, sans y
ajouter, toutefois, la moindre importance, les deux arguments
dont elle, la nation des docteurs aux chartes antiques et aux in-
folios poudreux, ose les appuyer ; elle les tire du prétendu droit
de la race et de l'odieux droit des représailles historiques et des
traités. A cette dernière, nous avons déjà donné, en partie, ré-

ponse dans l'examen des origines et des traités qui ont réglé, dans le passé, l'existence politique de ces deux provinces ; nous la complétons en déclarant absurde que pour légitimer, aujourd'hui, des violences et des abus de la force, on invoque de semblables abus commis il y a plusieurs siècles. Quant à la question de race « qui réduirait les hommes à l'état de bétail, « et ferait des rois et des magistrats du peuple autant de maqui- « gnons chargés de décider dans quel troupeau nous devons « être rangés ou vers quel abattoir on a le droit de nous « conduire » (Marquis de Noailles), je ne prendrai la peine de la discuter qu'avec le vieil Homère, qui appelait ses Guillaume d'alors : *Bergers des peuples*, Ποιμηνες λαων.

Bien plus saints et respectables, effaçant tous ces prétendus droits de race, d'origines, de traités, de représailles de conquêtes, sont ceux qu'invoquent nos braves Alsaciens et Lorrains au cœur si français ; les droits impérissables de la liberté humaine et de l'indépendance des nations. Ils sont tels que, pourrions-nous, sans danger pour nous et sans nécessité pour la Prusse, lui donner leurs provinces, que, eux ne le voulant pas, nous n'en aurions pas le droit.

Le temps des conquêtes est passé. On ne dispose pas des hommes comme des bestiaux, ce serait un attentat à la liberté humaine. On ne dispose pas de leurs biens, ce serait un attentat à la propriété privée. Ce droit n'appartient pas au conquérant, il abuserait de sa force ; pas plus à la nation dont dépend le citoyen, elle n'a que la somme des pouvoirs de tous, et celui-là n'appartenant pas à l'individu, ne peut être représenté dans cette somme qui est le pouvoir de l'Etat.

« Voilà, pour le citoyen. De même, pour la Patrie. Il n'ap- « partient, dit un grand orateur, à personne de céder la France. « Celui-ci viole le droit de tous et de chacun qui croirait pouvoir « céder une partie de notre Pays comme le maître cède une « partie de son troupeau. La France est le bien commun de tous « les Français, et chaque motte de terre que la France couvre « de son drapeau, appartient à chacun comme elle appartient à « tous ».

Avec les doctrines contraires, avec celles, brutales, professées par la Prusse, où irions-nous ? « Des hommes doivent-ils être « livrés en butin au vainqueur ? Faudra-t-il que les habitants « de l'Alsace et de la Lorraine, asservis malgré eux, se voient « contraints d'aller grossir les rangs de la Landwœhr allemande.

« de cette armée qui a ravagé leurs campagnes, incendié leurs
« maisons, fusillé leurs enfants, et qui sait, de tourner leurs ar-
« mes contre la France ? Le désespoir amènerait infailliblement
« la résistance, et de la part de la Prusse, bien vite la répression;
« au nom du traité de paix signé par la France et qui aurait
« constitué le roi de Prusse souverain légal de la Lorraine et de
« l'Alsace, les autorités allemandes se donneraient le droit de
« châtier les coupables, et la signature de la France ferait
« de nos malheureux compatriotes des criminels ». (Marquis
« de Noailles).

Non, non, ni le roi de Prusse, avec ses innombrables armées,
ni le Gouvernement de la France avec son droit d'état, n'ont le
droit de faire de l'Alsace et de la Lorraine, si éminemment françaises, et qui veulent le rester, des provinces prussiennes, des
sujets prussiens ! Moi, qui suis Français et qui ne veux pas être
Prussien, seul, je ne reconnais pas, au monde entier le pouvoir
de m'imposer cette souillure. Garde à vous ! — Commandez vos
deux millions de soldats, ô roi ; — en avant leurs phalanges
innombrables, leurs lourds canons, leurs fougueux cavaliers ; —
en avant, jetez bas ce rebelle ; — je ne veux pas être Prussien !
En avant ; le défilé ; passez tous sur ce corps qui se révolte ; —
je ne veux pas être Prussien ; je ne veux pas être Prussien ;
écrasez-le ; il vit encore ; je ne veux pas être Prussien, et jusqu'au
dernier soupir de mon âme immortelle, foulé, meurtri, déchi-
queté par vos deux millions de soldats, vos lourds canons, vos
fougueux coursiers, j'exhale encore, avec mon dernier souffle,
mon même dernier cri d'homme libre et de Français résolu : Je
ne veux pas être Prussien ! je ne veux pas être Prussien ! Vous
avez mon cadavre mais pas mon âme ! De lui, faites-en ce que
vous voudrez. Vous l'avez torturé, il vous a résisté, il est resté
Français. Lui seul est maintenant devenu votre esclave inerte,
l'autre partie de moi-même, mon âme, que vous n'avez pu en-
chaîner, hors de vos atteintes criminelles, plus libre que jamais,
est passée dans un monde meilleur. De là-haut, elle vous pour-
suivra, ici-bas, de son ombre vengeresse par vos remords, et de
l'horreur de l'histoire. Là-haut, elle va vous attendre pour vous
voir infliger enfin la juste condamnation de vos forfaits.

XVI.

De ce qui précède, il résulte que, amenés que nous allons être à traiter de la paix, nous pouvons nous trouver en présence d'une impossibilité absolue si elle dépend uniquement de la cession de la Lorraine et de l'Alsace, entre la Prusse qui l'exige et la France qui ne croit pas pouvoir l'accorder et qui pense y trouver son déshonneur, sa ruine et sa mort.

La Prusse, si elle s'entête, devra porter, encore cette fois, la responsabilité de la continuation de la guerre et des hécatombes d'hommes qui seront si déplorablement sacrifiés. Elle est faite à ces boucheries. Elle s'y complaît. Elle les désire peut-être. Elle a, en effet, dans cette question, un intérêt presque nul, point de nécessité absolue, plus de satisfaction orgueilleuse, rancunière et haineuse, que de vraie utilité ; un intérêt bien moindre par conséquent que celui de la France. Pour celle-ci, au contraire, il ne s'agit de rien moins que de sa sécurité à venir, de son indépendance, presque de son existence nationale ; pour elle, il s'agit de plus d'un principe intéressant non-seulement elle, mais l'Europe, tous les hommes en général, un principe en quelque sorte même de droit divin, le principe de la liberté des créatures humaines, sorties libres de la main de Dieu qui est compromis, qu'elle représente, comme toujours, dans ses souffrances et qu'elle défend, comme toujours, par son immolation.

D'elle ou de la Prusse qui doit, dès lors, composer ? D'elle ou de la Prusse qui doit écarter cette question des territoires insoluble quant à nous, à quel point de vue que l'on se place, excepté à celui de la violence, de la *force primant le droit* et de l'anéantissement d'une nation, poursuivi et tenté froidement et scientifiquement par une autre ?

N'est-ce pas la Prusse si vite et si démesurément grandie, à présent, en armées, en territoires, en puissance ? La Prusse, si peu de chose hier, Allemagne, tant aujourd'hui ; auprès de nous si grands au contraire autrefois, quand elle n'était rien, sous Clovis, Charlemagne et Saint-Louis; auprès de nous, bien grands il est vrai, depuis sous Louis XIV, quand elle commençait à être quelque chose ; bien grands, plus tard, mais durant un moment seulement, sous Napoléon, mais diminués bientôt après, moindres même que sous le grand roi, aujourd'hui, aujourd'hui, quand elle est tout ?

N'est-ce pas la Prusse qui doit écarter la question des territoires ? Qu'en a-t-elle besoin de territoires, si elle ne veut pas dominer et nous réduire en esclavage. Des territoires, pour se donner des *garanties* ? mais elle est aujourd'hui, l'Allemagne. la première nation militaire du monde. Elle vient chez nous, à travers nos frontières si perfidement calculées et ouvertes en 1815, de nous écraser par l'invasion et la conquête avec sa nation armée et ses armes perfectionnées? Des garanties pour se défendre contre nous, chez elle, derrière ses frontières, meilleures que les nôtres, avec cette nation armée, ces armes perfectionnées et l'Allemagne réunie en un seul peuple, une seule armée, un seul empereur ? — Des garanties ? mais vous n'en avez pas besoin, ô Allemands.

Des garanties, des territoires! C'est nous les écrasés qui, devant les catastrophes terribles et les enseignements de la guerre présente, devant cet agrandissement colossal de votre militarisme et de votre puissance, devrions les réclamer ; c'est vous, si vous vouliez le règne de la justice et la durée de la paix entre nos deux nations, qui devriez nous les accorder. Que diriez-vous si nous osions, vaincus, vous demander que vous et nous prissions nos frontières naturelles, le Rhin, avec le consentement de leurs peuples qui se souviendront que nous avons été Gaulois et Francs ensemble autrefois, et Français pendant 25 ans, hier à peine? Ce serait justice satisfaite, équilibre rétabli, paix assurée.

Des territoires? N'est-ce pas la Prusse qui doit y renoncer puisque pour elle il faut les prendre par la violence, en violant le principe divin de la liberté des créatures humaines et en torturant des citoyens pour leur imposer sa domination abhorrée?

Des territoires! « Si la Prusse cependant s'abstenait de tout
« accroissement territorial, est-ce qu'elle n'aurait retiré aucun
« fruit de la guerre ? — Cette guerre, préparée de longue main
« d'une part, acceptée de l'autre aveuglement, n'avait pas pour
« objet la possession d'une province. Sa cause, s'il y en avait
« une, était une rivalité politique : ..... d'une part, l'intérêt per-
« sonnel des princes, dont l'un voulait rester empereur et l'autre
« le devenir ; du côté de la nation Allemande, l'ambition de fon-
« der l'unité germanique sur la défaite des armées Françaises ».
Mais les propositions de Jules Favre portées au camp ennemi,
après Sedan, et que nous devons maintenir encore, malgré nos
douleurs, n'étaient pas vaines : « Reconnaissance de l'unité Al-
« lemande, seule cause rationnelle de la guerre; reconnaissance
« du titre et de la puissance d'empereur ; indemnité considérable;
« garantie européenne pour un conflit futur; telles en étaient les
« bases, — les faits acquis : la victoire avec tous ses trophées
« et des triomphes sans précédents; le but politique atteint, la

« supériorité militaire incontestablement établie ; le premier
« rang obtenu en Europe ; des miliards à recevoir ; presque tout
« notre matériel de guerre pris ou détruit ; un Empereur qui
« portait le nom de Bonaparte prisonnier ; un gouvernement
« renversé ; notre capitale, ô douleur ! ô rage ! occupée ; la na-
« tion Française demandant enfin de nouveau la paix. Tous ces
« faits acquis ne sont-ils pas pour l'Allemagne un prix suffisant
« d'une guerre de si courte durée ? Et trouvera-t-on dans l'his-
« toire, un exemple de victoire aussi prompte et aussi facile,
« portant de pareils fruits (1) » !

Arriver à de tels résultats, en obtenir de la nation vaincue,
quand cette nation est la France, la libre concession, puisqu'elle
l'offre, devait satisfaire l'amour-propre le plus effréné et l'ambition la plus insatiable qu'on eût pu concevoir.

Vouloir davantage, ce serait l'humilier ; exiger des territoires,
ce serait l'écraser, la pousser au désespoir, à la continuation de
la guerre, à un de ces efforts inattendus et peut-être vainqueurs
que peuveut tenter quarante millions d'hommes pour vivre et
sauver leur patrie de la déchéance et du déshonneur, et, dans
tous les cas, jeter dans son cœur une soif de vengeance et de
représailles à jamais impérissable.

XVII

Nous ne voulons plus la guerre. Ses horreurs, telles que vous
nous les faites, épouvantent notre sensibilité, non notre courage.
Nous plaignons nos villes et nos campagnes détruites, ruinées,
nos citoyens massacrés. De la vue du sang nous avons moins
que vous l'habitude ; elle n'est point le résultat de notre éducation ; nous ne voulons plus en voir répandre. « Les maîtres de
« notre enfance nous ont trompés en nous parlant du progrès et
« de la civilisation, de l'adoucissement des mœurs, de la puis-
« sance de l'opinion, en nous entretenant de science et de litté-
« rature. Nous avons cru au XIXe siècle. Ils auraient dû nous
« dresser au métier des armes afin que chacun de nous fût à
« même de défendre ses foyers, comme au moyen âge, contre le
« pillage et l'invasion (2) ».

Nous ne voulons plus la guerre. Nous ne la voulions pas, tous,
avant qu'elle fût commencée ; aucun, après Sédan. Tous à l'una-

(1) Marquis de Noailles.
(2) Marquis de Noailles,

nimité, nous voulons la paix aujourd'hui. Mais la paix, sans rien abandonner de notre territoire, la paix, sans éventrer nos frontières, la paix, sans nous mettre pieds et poings liés à votre merci, la paix, avec la vie possible, non avec la mort certaine, la paix, payée par l'argent, non par la terre et par la chair.

Maintenant demandez encore la Lorraine et l'Alsace? Attristés, mais résolus, nous vous répondrons : La guerre ! Si vous ne nous demandez même que l'Alsace, nous dirons encore : la guerre ! en l'Alsace, vos mains, nous l'avons vu, en effet, avec les juges les plus compétents, nous dépouille de toute possibilité de défense, vous laisse tous les moyens d'attaque, A votre armée-nation, il faudrait par un camp retranché, digne son étendue de ses légions innombrables. L'Alsace, cette terre si Française, où ont battu si vaillamment, devant les douloureuses péripéties de cette guerre, les cœurs les plus français le deviendrait ! Les Vosges et notre Demi-Rhin français, qui serait alors bien vôtre tout entier, et que nous ne toucherions plus ainsi nulle part, seraient ses limites et ses palissades ; le flanquant, les montagnes ; l'alimentant, le fleuve. L'Allemagne y établirait son immense corps-de-garde pour tenir la France. Les Vosges lui prêteraient leurs sommets pour postes d'observation, leurs flancs pour remparts de défense, leurs passages pour portes d'invasion ; et nous, désarmés dans les plaines de la Champagne et de la Bourgogne, sans abris naturels et sans qu'il fût possible d'en créer, sur une si grande étendue, nous la verrions, quand il lui plairait, nous envahir, tourner nos frontières du Nord, les seules qu'elle nous aurait laissées parce qu'elles seraient inutiles, et courir sur Lyon, sur Paris, partout, par les vallées de la Saône de l'Yonne, de la Seine, de l'Aube, de la Marne et de la Meuse.

« Quelle serait notre existence ? Nous perdrions notre liber-
« té d'agir, notre indépendance. Nous serions exposés à tous les
« outrages, ouverts à toutes les agressions, réduits à l'impuis-
« sance ; ne pouvant plus avoir, dans notre politique, d'autre
« souci que celui de ne pas déplaire à notre puissant voisin,
« dont tout accès de mauvaise humeur pourrait nous être fu-
« neste. Ce malaise à l'extérieur engendrerait bientôt la ma-
« ladie à l'intérieur : les divisions, le mécontentement de
« soit-même, l'affaiblissement moral, et la nation ne tarde-
« rait pas à péricliter. Quelle serait notre existence ? Une lente
« agonie ; la mort ! ! ! »

La mort ! Nous la laisseraient-ils ainsi arriver à pas lents, naturelle ? En auraient-ils la patience ? Ne nous la donneraient-ils pas, avant, violente, un jour que, contre eux, nous aurions un de ces soubresauts désespérés, mais impuissants, d'un corps qui se débat et qui ne veut pas mourir ? En auraient-ils le froid courage, ces blonds et fades Allemands qui « se donnent pour le peuple « le plus doux et le plus pacifique de la terre , dont la politique « est la loyauté même ; qui n'ont jamais fait une guerre injuste « ni convoité le bien de leurs voisins ? Mais Frédéric II et le duc « de Brunswick la Pologne, les Tchèques, Venise et Silvio « Pellico, l'Autriche, le Danemark, le Hanovre, Francfort, la « Hesse, Guillaume le Pieux (1) et nous, en ce moment, ne sont-ils « pas là pour nous apprendre, si nous pouvions l'ignorer, ce que « valent la modération de la Prusse, la prétendue mansuétude « de la race allemande et le sort triste et certain qu'ils nous ré-« serveraient ? Quelle serait notre existence ? Nous attendrions, « dans les souffrances, patiemment la mort. Mieux vaut la « guerre ! Attristés mais résolus, nous la subirons » .

Misérables Allemands, vous nous l'imposez, aujourd'hui, par vos exigences excessives et coupables, comme vous nous y avez poussés, au début, par vos insolentes provocations. Misérables ! aujourd'hui, après la capitulation de Paris comme après la capitulation de Sédan, vous êtes coupables de la prolongation de la guerre ! Misérables ! que sur vous, sur vos enfants, sur tous vos descendants, de génération en génération, retombe le sang généreux et innocent que vous avez versé et que vous voulez faire couler encore ! ! !

XVIII

Mais c'est horrible ! ... Mais cela est ; y pouvons-nous davantage ? O épouvantables et douloureuses extrémités ! Écoutez, ô hommes de tous les partis ; venez tous ensemble, parce que, tous, vous êtes Français ; venez, consultons-nous, entendonsnous. Que devons-nous faire dans ces extrémités désespérées comme n'en a jamais connues notre pauvre France ?

Faut-il subir la paix impitoyable du sauvage Germain, ou lui faire la guerre ? Faut-il lui livrer nos frontières, nos provinces, des Français, la chair de notre chair, le sang de notre sang ? Faut-il arrêter avec lui notre déchéance immédiate, notre esclavage durant quelque temps, notre mort certaine pour bientôt ?

(1) Guillaume, empereur d'Allemagne !

Faut-il, de nos propres mains, après la capitulation honteuse des 100,000 hommes de Sédan, la capitulation infâme des 200,000 hommes de Metz, et la capitulation que, pour son héroïsme, j'espère forcée des deux millions d'hommes de Paris, signer, de nos propres mains, la capitulation de quarante millions de Français ?

A vous de parler, légitimistes ; à vous les premiers ; vous êtes les anciens de la France ; vous datez de Clovis en antique origine de parti, en principes invariables d'opinion, en dévouements continus à Dieu, au roi, à la France ; parlez.

Signeriez-vous ? Ne se dresseraient-ils pas devant vous, vos Rois, que vous aimez et qui furent, entendez-vous, les meilleurs patriotes que nous trouvions dans notre histoire ? C'est moi qui vous le dis à vous et à tous, hautement et avec une vraie satisfaction patriotique, moi qui, à propos des frontières de la France, viens de vivre, quelques jours, dans leur intimité. Nos Rois, les possesseurs puissants, aux origines de la monarchie, et pendant toute sa durée, les ouvriers résolus de ces frontières naturelles et nationales ; ne se dresseraient-ils pas devant vous, vous découvrant leurs visages attristés de nos démembrements, plus attristés encore de vos défaillances ? — Comment soutiendriez-vous les regards irrités de Clovis et de Charlemagne, ces fiers Sicambres et Francs qui, appuyés sur l'indomptable Gaulois, Vercingétorix, vous redemanderaient le lambeau de leur Rhin qui nous restait encore et que vous auriez abandonné ? — Il ne vous montrerait pas sa couronne flétrie, Philippe-Auguste ; où serait, parmi vous, celui à qui il pourrait l'offrir comme le plus digne ou le plus capable de chasser les Allemands du Pays, vous, qui viendrez de leur en livrer une partie toute palpitante encore ? — Saint-Louis, avec son humble charité se tairait sans doute, triste, abattu devant vous, de peur de vous faire honte, en vous rappelant qu'il refusa longtemps de rendre Damiette, conquête française, même pour racheter sa propre liberté et peut-être sa vie.

Que répondriez-vous à François Ier qui, emporté, ne vous parlerait qu'honneur parce que vous l'auriez sacrifié, et qui vous demanderait si, pour le conserver, vous avez, avant, *tout perdu ?* — Désolé d'avoir laissé à accomplir par Richelieu et Mazarin ses projets de grandeur pour la France, Henri IV, ce roi au cœur *vaillant*, ne vous regarderait même pas ; — Louis XIV, lui qui « à la tête de sa noblesse, voulait s'ensevelir sous les ruines de la monarchie », ne s'étonnerait-il pas que vous ne fussiez pas tous morts, et « sachant que des armées si considérables » ne sont

« jamais assez défaites pour que la plus grande partie ne puisse
« se rallier sur la Somme », vous reprocherait avec indignation
« de n'avoir pas été « à Péronne ou à St-Quentin y ramasser tout
« ce qu'il y avait de troupes, faire un dernier effort avec elles et
« périr ensemble ou sauver l'état » (Paroles de Louis XIV à
Villars, allant à Denain).

Signerez-vous ?

Mais c'est vous qui, avec nos rois, avez versé depuis le commencement de la monarchie, votre sang sur tous les champs de
bataille pour maintenir, quand nous l'avions au début, et reconstituer ensuite, après l'avoir perdu en grande partie, ce domaine
traditionnel et non encore achevé de notre vieille France ! Il est
ainsi votre œuvre autant que celle de nos rois; vous êtes respon-
sables, plus que qui que ce soit, envers eux, de son intégrité|et
vous devez le leur transmettre pur et intact de toute coupure.
Vous l'avez compris; n'est-ce pas vous, et c'est l'honneur de votre
parti et de ces classes élevées, bourgeois de 89, qu'on voudrait
déshonorer aux yeux du Peuple, n'est-ce pas vous qui, en ce
moment, vous battez si vaillamment sur la Loire et savez le
mieux mourir, comme toujours, pour purger le sol sacré de la
Patrie des souillures et de la conquête étrangère ?

Signerez-vous ? Non, non, vous répondrez avec un des vôtres,
un de nos plus héroïques Vendéens: « La paix, nous la voulons
« tous: mais à quel prix veulent-ils la donner, ces barbares ! Ils
« s'étaient emparés de deux de nos provinces; il fut parlé de
« paix et ils voulaient les garder toutes entières. Nous ne vou-
« lons pas donner notre pays, sacrifier notre foi, perdre
« nos chaumières, exposer nos femmes et nos enfants ! La paix,
« qu'ils proposent aujourd'hui, serait pour nous l'esclavage ! »
(*Proclamation de Cathelineau.*)

A vous, Républicains; c'est votre tour. Les partisans de la souveraineté du peuple confiée par des droits tutélaires de succession
à des rois, ont parlé; parlez, partisans de cette souveraineté
imprescriptible et, malgré les dangers de l'instabilité toujours révo-
cable des mains en qui elle est temporairement déposée, parlez;
après vous, plus d'autres; ils sont des dissidents que les malheurs de la patrie et les nécessités impérieuses de l'union et
de la résistance devant l'étranger, doivent faire disparaître.
Parlez donc, ô Républicains, enfants de 89 seulement et non de
93; les continuateurs de ces derniers que nous avons vus à l'œuvre, en ces temps malheureux, ne sauraient être pour tous que

des auxiliaire peu utiles, dangereux même avec leurs épouvantables doctrines de cette époque néfaste. Ils ne doivent être pour vous que des auxiliaires obéissants.

Signerez-vous, vous qui, après Sédan, n'avez pas désespéré de la résistance, quand tout était perdu; avez beaucoup fait, mais pas tout pour l'organiser, succombant sous une tâche immense ?

Signerez-vous la paix avec les Prussiens, avant d'avoir tenté jusqu'a la mort de les chasser, vous, les descendants des héros de 92 qui, sans souliers, sans pain, presque sans armes, les repoussèrent en un seul bond irrésistible, à Valmy; reprirent en deux autres bonds, à Jemmapes et Fleurus, nos frontières séculaires, et, dans ces provinces de Clovis et de Charlemagne, firent flotter le drapeau de la République ?

C'est là, sous ses couleurs nationales nouvelles, sur ce Rhin depuis si longtemps perdu et recouvré, devant le souvenir évoqué de ces grands Rois, que les enfants de la France ancienne et nouvelle, qui venaient de verser ensemble leur sang pour la défendre et l'agrandir, scellèrent, en même temps, l'union indissoluble de nos vieilles traditions avec les idées nouvelles et l'union aussi indissoluble de toutes les parties de notre territoire.

Signerez-vous son démembrement, ô Républicains ? Le signerez-vous, légistimites et républicains, hommes de ces traditions antiques et récentes ? C'est vous qui, les uns et les autres, en avez cimenté de votre sang les diverses parties éparses et retrouvées ; c'est vôtre patrimoine aussi bien que celui de la France.

N'est-il pas grand, généreux, patriotique de vous réunir, de vous lever pour empêcher de le diviser et de l'amoindrir. C'est vous qui, lorsque vous l'avez voulu, avez entraîné le peuple après vous par le *doux nom de Patrie*; c'est vous qui, avec une femme, « cette créature de Dieu, et fille au grand cœur », avez arraché aux Anglais « le saint royaume de France » ; c'est vous qui, en déclarant « la Patrie en danger », l'avez, avec « des savetiers », sauvée de l'invasion de 92. En ces deux époques de notre histoire et de notre nationalité, la France n'était pas dans une position moins désespérée qu'aujourd'hui.

XIX.

C'est le moment, comme alors, des grands efforts et des grands sacrifices. N'attendons pas de les faire plus tard, après la paix,

sous prétexte de nous refaire et d'attendre l'occasion favorable
d'une revanche. Ce dernier espoir dans l'avenir ne saurait nous
rester. Il amollirait nos courages, dans le présent et justifierait
des défaillances. Nous venons de voir assez la haine et le cynisme
de nos ennemis, d'étudier leurs projets et leurs craintes, de
pressentir, par là, ne pouvant les connaître exactement encore,
leurs conditions de paix pour ne pas être assurés que si nous
faiblissons, ils nous rendront par ces conditions toute résurrection impossible. Ils sont, pensent et agissent comme l'homme
« qui, après avoir volé un passant, se fait un devoir de l'assas-
« siner pour l'empêcher de se plaindre ». (Edgar Quinet). Nous
l'avons prouvé et nous l'avons déjà dit : « Ils ne veulent laisser
« *aux Français pauvres et anémiques, dont ils auront sucé le*
« *sang, ni une arme ni une pièce de* 20 *francs, rien que des*
« *bâtons de mendiants* ». (Taufkirchen, Moltke).

Nous sommes incontestablement affaiblis, mais tous deux ; eux,
moins que nous en soldats, plus peut-être en ressources. L'Allemagne, pas si riche que la France, est aussi épuisée par les
dépenses seules de la guerre que cette dernière, par ces mêmes
dépenses et par les désastres de l'invasion réunis. Nous souffrons
ensemble dans nos hommes ; elle, peut-être plus que nous, dont
les armées en renferment, depuis le commencement, un plus
grand nombre de mariés, de tout âge, de toutes les conditions
de la société, et de tous les états, au cœur desquels tous, par
conséquent, les divers intérêts de sentiment et d'affaires en souf-
france, doivent mollir et désespérer les courages.

Leurs premières victoires, si décisives et certainement même
pour eux, un peu inespérées, peuvent bien les avoir excités. La
capitulation de Sédan, obtenue par si peu d'efforts exaltés. Ils
ont pu croire un moment, après avoir pris ainsi, là, la deuxième
armée française, tandis que l'autre était enfermée et cernée dans
Metz, faire, à Paris, démuni de soldats, une promenade militaire
une entrée immédiate et sans combat et y trouver, dans une paix
facile, pleine de butin et de territoires, le terme et la récompense
de leurs fatigues et de leurs dangers.

Mais ils sont arrivés à Paris et ils ont vu « une ville prise au
» dépourvu, qu'ils ont cernée, isolée du reste de la terre, im-
» proviser tous les moyens de défense et d'attaque ; tirer d'une
» foule une armée ; créer par les mains de l'industrie privée des
» centaines de canons d'une excellence reconnue et d'une portée
» formidable ; obtenir d'une seule usine jusqu'à 2,000 obus par

» jour, et devenir, du jour au lendemain, un vaste champ de
» manœuvres, une immense fabrique d'armes, une pépinière de
» soldats. Canons, affûts, attelages, canonniers, Paris a tout créé
» tout trouvé, tout donné. Et de son sein, *nid de guerriers*, » ont
surgi tout armés 500,000 hommes (1).

Malgré leur infâme bombardement contraire à tous les droits
des gens, il ne leur a pas moins fallu de quatre mois pour le réduire non par la force mais par la faim. Prendre Paris et faire la
paix ; revenir en Allemagne se reposer de ses fatigues, retrouver
sa famille et ses intérêts, y rapporter le fruit de ses rapines, et
se faire payer par sa victime des frais énormes de guerre pour
l'affaiblir, la ruiner encore davantage et conjurer la misère dans
son propre pays affamé, paraît avoir été les espérances nouvelles
et les soutiens des âmes et des courages.

Les leur enlever, c'est les rapprocher du désespoir. Ne pas
payer une indemnité immédiate, c'est peut-être affamer l'Allemagne. A elle et à ses brigands montrer indéfiniment renvoyés
par notre résistance l'arrivée, chez eux, de l'argent et le retour
des hommes, c'est peut-être non pas seulement lui faire accepter
une paix telle que nous pouvons la faire, mais encore la lui faire
demander. Nous souffrirons ; ils souffriront plus que nous, et si
nous savons être des hommes, le moral au milieu de ces terribles et dures extrémités, sera moins ferme en eux qui sont loin
de leur pays et attaquent, que en nous qui sommes dans le nôtre
et défendons les intérêts plus chers et plus sacrés, notre sol, nos
maisons, nos familles, notre Patrie. Ils en ont trop fait, il faut
qu'ils ne sortent pas de la France. La France, qu'ils ont ravagée,
doit tout dévorer. A côté des tombeaux des pauvres victimes,
il faut qu'elle creuse les tombeaux de leurs cruels bourreaux pour
se souvenir. Remember !

<h2 style="text-align:center">XX</h2>

Jamais paix n'aura été ainsi retardée ; une grande bataille
perdue, une grande ville pas même une capitale prise, la guerre
finit, la paix se traite. Mais la paix ou la guerre que nous impose
la Prusse sont-elles ordinaires ? N'a-t-elle pas perfectionné l'art
de faire la guerre ? A nous de perfectionner l'art de faire la paix.

Pour traiter de la paix, il faut, avant la fin de l'armistice et la

(1) Louis Blanc.

reprise de la guerre, bien poser la question à nos ennemis et au monde. Qu'ils sachent tous dans quelles conditions la France est résolue de faire l'une et l'autre. Nous voulons la paix en accordant une indemnité d'argent sans concession de territoire ; c'est notre résolution ferme avant de recommencer les hostilités ; si on nous y oblige, dès ce moment plus d'indemnité, plus de paix, guerre à outrance, éternelle avec l'Allemagne. Contre nos oppresseurs tous les moyens seront justes, sanctifiés.

Pour traiter de la paix il faut continuer la guerre, *si vis pacem para bellum*. Dès aujourd'hui, sans préjuger aucune question, jusqu'à l'expiration de l'armistice, nous devons tenter les plus grands efforts pour continuer et activer la fabrication et l'arrivée des armes ; l'appel des hommes et leur préparation, par une discipline sévère et des exercices fréquents et continus ; pour surtout recueillir, réorganiser et renforcer nos trois armées ; *si vis pacem para bellum*.

Ne discutons pas les questions de stratégie, nous ne les connaissons pas ; n'ordonnons pas des campagnes, ce n'est pas notre affaire, quoique nous ayons eu la passion d'en voir, la folie d'en suivre une, et la douleur d'assister à la fin de celle de Sédan. Voyons seulement si nous pouvons faire la guerre et comment nous la ferons.

Après ce terrible désastre, il ne nous restait plus d'armée, nous en avons vu les débris, nous sommes rentré avec nos derniers 20,000 soldats que ramenait le général Vinoy ; il ne nous restait plus d'armes. Tout a été réparé, Paris s'est armé et défendu quatre mois, la province a livré des batailles ; nous fabriquons chez nous et recevons de l'étranger des armes ; nous ne cessons d'en fabriquer et d'en recevoir, nous n'en manquons plus. Nous avons trois armées, défaites, en fuite, si vous voulez, mais qui toujours, après chaque rencontre, se réunissent, se reforment, renaissent et obligent l'ennemi à les battre encore. Des réserves existent en Algérie, dans des camps, dans nos villes ; elles renferment encore des mobiles, presque partout les mobilisés de la première catégorie, vont recevoir la classe de 1871 dont l'appel et les conseils de révision sont presque terminés et peuvent être augmentées d'autres catégories de la garde nationale. Les hommes ne nous manquent donc pas, mais les soldats, peut-être. Organisons-les, formons-les, disciplinons-les promptement, avec rage, plus que dans le passé ; que l'instruction militaire soit à l'ordre du jour ; que l'exercice se fasse : dans les grands corps d'armée même, sur les champs de bataille, en combattant, au bivouac, pendant les marches ; dans les petits corps de partisans, à toutes les heures de repos que laissent l'attaque et la défense ; dans tous les camps d'instruction, hors de la présence de l'ennemi ; dans nos villes, dans nos villages, dans nos campagnes, dans nos maisons ; que partout on se forme sévèrement, rudement, durant de longues heures, tous les jours, au maniement des armes et aux principes essentiels et les plus nécessaires de l'instruction militaire, de la discipline et de la guerre. Dans ces masses ainsi reparties, en les y passant par ces degrès successifs de préparation, il sera facile et possible de trouver des hommes pour constituer nos trois armées en trois armées de soldats, régulières, bien armées et pouvant, autour d'elles, centraliser et protéger la résistance au Nord, au Sud-Est et au Sud-Ouest. Aux stratégistes de savoir bien les diriger ; la besogne sera rude ; guerroyer seulement, ne jamais accepter de grande bataille, ne livrer que de petits combats, afin de ne rien compromettre, s'avancer, harceler l'ennemi, attendre le moment favorable pour le combattre partiellement, lui enlever ses corps épars, ses postes affaiblis, ses hommes isolés, ses convois, ses communications ; être la citadelle vivante, le camp mobile, refuge, ravitaillement, défense, appui toujours présents et assurés des partisans armés et des populations soulevées ; voilà quelles doivent être l'action et la tactique présentes de nos armées. Elles doivent changer celles qu'elles ont suivies ; n'ont-elles pas, maintenant, à défendre non plus Paris mais la France à travers et contre les armées ennemies ? La besogne sera rude ; leurs masses vont augmenter autour d'elles ; Paris pris va en rendre libres beaucoup de celles qui l'assiégeaient, pas toutes, une partie devant rester pour le tenir ; les autres auront à s'éparpiller pour prendre la France ; leur division obligée sur une plus grande étendue, n'augmentera pas leurs forces, sera peut-être une cause d'affaiblissement. Paris pris n'a, du reste, diminué en rien les nôtres, ni le nombre de combattants, ni l'armement du restant de la France : aux généraux en chef et au Gouvernement de savoir bien les employer. Que l'expérience de ce que nous venons de souffrir, que la science de nos ennemis nous profitent ; ce qu'ils font dans l'invasion pour la conquête, nous pouvons, à plus forte raison, le faire dans la défense pour la conservation de notre sol sacré. Cessons d'être généreux, imbéciles ; apprenons à hurler. Étudions leurs leçons, voyons-les à l'œuvre ; instruisons-nous et surtout exaltons-nous en voyant passer sous nos yeux de tels exemples. Que notre patriotisme en bouillonne, que notre rage vienne enfin. Rugissons !

XXI

« Serait-il vrai que nos ennemis veulent réellement nous détruire ? La Prusse n'a plus maintenant devant elle que la France. C'est donc à la France même, à la nation armée pour défendre son existence, que la Prusse a déclaré cette nouvelle guerre d'extermination qu'elle poursuit comme un défi jeté au monde contre la justice, le droit et la civilisation ».

« C'est au nom de ces trois grands principes modernes outrageusement violés contre nous que nous en appelons à la conscience de l'humanité avec la confiance que malgré tant de malheurs notre devoir imprescriptible est de sauvegarder la morale internationale.

« Est-il juste, en effet, quand le but d'une guerre est atteint, que Dieu vous a donné des succès inespérés, que vous avez détruit les armées de votre ennemi, que cet ennemi lui-même est renversé, de continuer la guerre pour le seul résultat de l'anéantir ou le forcer à livrer ses provinces et ses citoyens protestant contre une annexion détestée ?

« Y a-t-il un droit quelconque qui permette à un peuple d'en détruire un autre et de vouloir l'effacer ? Pretendre à ce but, ce n'est plus qu'un acte sauvage qui nous reporte à l'époque des invasions barbares.

« La civilisation n'est-elle pas méconnue complétement lorsqu'en se couvrant des nécessités de la guerre on incendie, on ravage, on pille la propriété privée avec les circonstances les plus cruelles ?

« Nous n'insisterons point sur ces réquisitions démesurées en nature ou en argent, non plus que sur cette espèce de marchandage militaire qui consiste à imposer les contribuables au-delà de toutes leurs ressources. Nous laissons à l'Europe de juger à quel point ces excès furent coupables. Mais on ne s'est par contenté d'écraser ainsi les villes et villages : on a fait main-basse sur la propriété privée des citoyens.

« Après avoir vu leur domicile envahi, après avoir subi les plus dures exigence, les familles ont dû livrer leur argenterie et leurs bijoux. Tout ce qui était précieux a été saisi par l'ennemi et entassé dans ses sacs et ses chariots. Des effets d'habillement enlevés dans les maisons ou dérobés chez les marchands, des objets de toute sorte, des pendules, des montres ont été trouvés sur les prisonniers tombés entre nos mains. On s'est fait livrer et l'on a pris au besoin aux particuliers jusqu'à de l'argent. Tel propriétaire, arrêté dans son château, a été condamné à payer une rançon personnelle de 80,000 francs. Tel autre, s'est vu dérober les châles, les fourrures, les dentelles, les robes de soie de sa femme. Partout les caves ont été vidées, les vins empaquetés, chargés sur des voitures et emportés. Ailleurs, et pour punir une ville de l'acte d'un citoyen coupable uniquement de s'être levé contre les envahisseurs, des officiers supérieurs ont ordonné le pillage et l'incendie, abusant pour cette exécution sauvage de l'implacable discipline imposée à leurs troupes. Toute maison où un franc-tireur a été abrité ou nourri est incendiée. Voilà pour la propriété.

« La vie humaine n'a pas été respectée davantage. Alors que la nation entière est appelée aux armes, on a fusillé impitoyablement non-seulement des paysans soulevés contre l'étranger, mais des soldats pourvus de commissions et revêtus d'uniformes légalisés. On a condamné à mort ceux qui tentaient de franchir les lignes prussiennes même pour leurs affaires privées. L'intimidation est devenue un moyen de guerre ; on a voulu frapper de terreur les populations et paralyser en elles tout élan patriotique. Et c'est ce calcul qui a conduit les états-majors prussiens à un procédé unique dans l'histoire : le bombardement des villes ouvertes.

« Le fait de lancer sur une ville des projectiles explosibles et incendiaires n'est considéré comme légitime que dans des circonstances extrêmes et strictement déterminées. Mais dans ces cas même il était d'un usage constant d'avertir les habitants, et jamais l'idée n'était entrée jusqu'à présent dans aucun esprit, que cet épouvantable moyen de guerre pût être employé d'une façon préventive. Incendier des maisons, massacrer de loin les vieillards et les femmes, attaquer, pour ainsi dire, les défenseurs dans l'existence même de leurs familles, les atteindre dans les sentiments les plus profonds de l'humanité, pour qu'ils viennent ensuite s'abaisser devant le vainqueur et sollitcier les humilations de l'occupation ennemie, c'est un raffinement de violence calculée qui touche à la torture. On a été plus loin cependant, et, se prévalant par un sophisme sans nom de ces cruautés mêmes, on s'en est fait une arme. On a osé prétendre que toute ville qui se défend est une place de guerre et que, puisqu'on la bombarde, on a ensuite le droit de la traiter en forteresse prise d'assaut. On y met le feu après avoir inondé de pétrole les portes et les boiseries des maisons.

« Si on lui épargne le pillage, c'est une faveur qu'elle doit payer en se laissant rançonner à merci, et même lors qu'une ville ouverte ne se défend pas, on a pratiqué le système du bombardement sans explication préalable, et avoué que c'était le moyen de la traiter comme si elle s'était défendue et qu'elle eût été prise d'assaut.

« Il ne restait plus pour compléter ce code barbare que de rétablir la pratique des ôtages. La Prusse l'a fait. Elle a appliqué partout un système de responsabilités indirectes qui, parmi tânt de faits iniques, restera comme le trait le plus caractérisé de sa conduite à notre égard. Pour garantir la sûreté de ses transports et la tranquillité de ses campements, elle a imaginé de punir toute atteinte portée à ses soldats ou à ses convois par l'emprisonnement, l'exil ou même la mort d'un des notables du pays. L'honorabilité de ces hommes est devenue ainsi un danger pour eux. Ils ont eu à répondre sur leur fortune et sur leur vie d'actes qu'ils ne pouvaient ni prévenir, ni réprimer, et qui, d'ailleurs, n'étaient que l'exercice légitime du droit de défense. Elle a emmené quarante otages parmi les habitants notables des villes de Dijon, Gray et Vesoul, sous prétexte que nous ne mettons pas en liberté quarante capitaines de navire faits prisonniers selon les lois de la guerre.

« Mais ces mesures, de quelques brutalités qu'elles fussent accompagnées dans l'application, laissaient au moins intacte la dignité de ceux qui avaient à les subir. Il devait être donné à la Prusse de joindre l'outrage à l'oppression. On a exigé de malheureux paysans, entraînés par la force, retenus sous menace de mort, de travailler à fortifier les ouvrages ennemis et à agir contre les défenseurs de leur propre pays. On a vu des magistrats, dont l'âge aurait inspiré le respect aux cœurs les plus endurcis, exposés sur les machines des chemins de fer à toutes les rigueurs de la mauvaise saison et aux insultes des soldats. Les sanctuaires des églises ont été profanés et matériellement souillés. Les prêtres ont été frappés ; les femmes maltraitées, heureuses encore lorsqu'elles n'ont pas eu à subir de plus cruels traitements.

« Il semble qu'à cette limite, il ne reste plus dans ce qu'on appelait jusqu'ici du beau nom de droit des gens aucun article qui n'ait été violé outrageusement par la Prusse. Les actes ont-ils jamais à ce point démenti les paroles ?

« Tels sont les faits. La responsabilité en pèse tout entière sur le gouvernement prussien. Rien ne les a provoqués, et aucun d'eux ne porte la marque de ces violences désordonnées auxquelles cèdent parfois les armées en campagne. Il faut qu'on le sache bien, ils sont le résultat d'un système réfléchi dont les états-majors ont poursuivi l'application avec une rigueur scientifique. Ces arrestations arbitraires ont été décrétées au quartier-général, ces cruautés résolues comme un moyen d'intimidation, ces réquisitions étudiées d'avance, ces incendies allumés froidement avec des ingrédients chimiques soigneusement apportés, ces bombardements contre les habitants inoffensifs ordonnés, tout a donc été voulu et prémédité. C'est le caractère propre aux hommes qui font de cette guerre la honte de notre siècle.

« La Prusse a non-seulement méconnu les lois les plus sacrées de l'humanité, elle a manqué à ses engagements solennels. Elle s'honorait de mener un peuple en armes à une guerre nationale. Elle prenait le monde civilisé à témoin de son bon droit; elle conduit maintenant à une guerre d'extermination ses troupes transformées en hordes de pillards ; elle n'a profité de la civilisation moderne que pour perfectionner l'art de la destruction (1).

XXII

Voilà la guerre qu'ils nous font ces hommes ! Voilà leurs œuvres ! Sans leur exemple en aurions-nous eu la pensée, nous si généreux ? Malgré nos malheurs et nos souffrances aurions-nous eu l'envie de les imiter ? — Les imiter ! horreur ! Je tremble, j'hésite, je ne puis le dire moi cependant qui, par haine des bourreaux et pitié pour les victimes, mes compatriotes et mes amis, vis, depuis le commencement de la lutte dans la lecture journalière et la douleur continuelle de ces forfaits ; moi, qui à Sédan, « n'ai jamais vu le sang d'un Français sans que mes cheveux se « soient dressés sur ma tête ». (Jeanne d'Arc) — Les imiter ! mais ces crimes qui nous attaquent et épouvantent nos populations commandent les nôtres, ô horreur ! pour défendre nos

(1) Circulaire de M. Chaudordy, délégué du ministère des affaires étrangères, à laquelle M. Bismarck a répondu, après deux mois, pour ne rien répondre à ces faits si précis et si minutieusement accusateurs. M. le Comte s'est contenté d'entonner un concert d'éloges en l'honneur de la bonne éducation et de l'excessive mansuétude allemandes. « Allons donc, ce que vous me dites là n'est pas possible. Ils sont si bien élevés, si doux, mes bons petits Allemands ». Et des masses de balles explosibles ont été ramassées par un correspondant anglais, hier, au milieu de l'armée allemande de l'Est se livrant contre notre armée à une poursuite barbare et contraire à l'armistice.

foyers, exalter les citoyens et porter *l'intimidation* dans l'âme de nos ennemis.

Ils ont jeté un défi au monde contre la justice, le droit et la civilisation ; nous n'avons pas voulu le relever et le leur rendre ; nous avons préféré en souffrir même jusqu'à la défaite afin de sauvegarder chevaleresquement, comme toujours, ces trois grands principes modernes *de morale internationale*. Le terme à notre magnanimité, ils l'ont fixé eux-mêmes, s'ils veulent continuer : Cette guerre, *système réfléchi de leurs états-majors* ; leurs cruautés *étudiées, préparées et resolues d'avance*, et cela avec leurs armées, *hordes* véritables ; leurs soldats, *pillards-assassins* ; leurs généraux, chefs de bandits ; leur gouvernement, organisateur et instigateur de toutes ces infamies ; tous bêtes féroces.

Mais à partir de ce moment faudrait-il : Cruautés pour cruautés, brigandages pour brigandages, assassinats pour assassinats, dent pour dent ? Horreur ! horreur ! horreur ! O honte, qu' une nation généreuse qui marche, comme la France, à la tête de la civilisation et du progrès, en soit réduite à une résistance pareille ! de toutes les calamités qui l'ont accablée, aucune n'est comparable à celle-là. Il n'en saurait être de plus épouvantable: pour elle que d'accomplir cette sauvage résistance, pour moi que de l'admettre et de la conseiller.

Faudrait-il substituer: aux états-majors, des conseils de guerre pour condamner ces crimes ? Aux soldats, des gendarmes c'est-à-dire des partisans bien organisés et courageux pour poursuivre ces assasins, des traqueurs pour enferrer ces bêtes fauves ; des traqueurs, c'est-à-dire la Nation entière debout, hommes, femmes, enfants, leur faisant, sans trève, sans pitié ni merci, sur toute la surface de la France, une chasse incessante d'extermination, jusqu'à ce qu'il n'en reste pas un seul ? Quarante millions d'hommes, s'armant pour une cause aussi juste et aussi sacrée, sont invincibles.

Mais une telle lutte est elle possible ? Abominable en théorie en pratique elle peut réussir une fois franchement acceptée. Et leur discipline ? C'est ce qui la déroutera ; — Et leurs canons Krupp ? Ils ne sont pas faits pour les petites portées de poitrine à poitrine, contre un couteau, un tison, le poison, dans la nuit, au fond d'un fossé, derrière un buisson, au détour d'une rue, dans une maison, dans un lit ; — Et leur nombre, ne sommes-nous pas des millions ? Il se fondra à notre souffle et dans nos étreintes.

Et les dévastations, les ruines, la mort? S'ils s'en font, contr nous, des moyens d'épouvante, ils seront pour nous, contre eux, des moyens d'extermination ; ils les envelopperont, les dévoreront plus que nous et avant nous. — Les dévastations, les ruines, ils n'en entasseront pas autant que nous ne puissions les rétablir avec l'indemnité énorme de guerre dont ils entendent nous épuiser et réparer leurs misères. — Les morts ! Sont plus nombreux encore les citoyens qu'ils veulent nous enlever par la conquête de l'Alsace et de la Lorraine. N'en est-il pas, parmi ces derniers, qui préféreraient leur nationalité à leur vie ? Les morts ! ils se doivent à la Patrie. — Les individus meurent, ils renaisssent. Les peuples seuls, morts restent morts !

Les douleurs, l'exaspération, les folies furieuses, le désespoir excités par cette résistance inattendue et héroïque, ne se traduiront-ils pas, de leur part, en actes plus hideux, plus à redouter que dans le passé ?

Il n'est pas possible qu'ils fassent pire ; si cela était, souffrir pour souffrir, nous avons souffert contre l'invasion sans vengeance, nous souffrirons pour la délivrance en rendant mal pour mal. Si cela était, ce serait abominable. Ils ne pourraient pas le continuer au-delà de quelques jours sans se mettre au ban du monde, et l'Europe serait forcée plus tôt d'intervenir entre des combattants qui s'égorgent les uns pour voler, les autres pour défendre leur bien, ces derniers jusqu'à la mort.

Cette intervention, si nous l'obtenions, bien tardive, mais tutélaire, nécessaire, indispensable afin de ne pas nous laisser pour traiter, seuls, en présence et à la merci de nos insolents et exigeants vainqueurs, ne nous serait-elle réservée et méritée que pour notre résistance désespérée, qu'il est de notre intérêt et de notre devoir de la tenter, s'il le faut, rien que pour gagner du temps, ne pas en finir seuls et faire surgir un congrès. Là est le salut.

XXIII.

Mais la lutte est-elle possible ? La population y est-elle prête et décidée ? Non, si on la juge, en ce moment de désorganisation pas assez combattue depuis longtemps, et augmentée, dans ces jours-ci d'attente et de luttes électorales ; en ce moment de découragement et de soif de repos, après tant de défaites, depuis la capitulation de Paris, et d'espoir de paix trop vite montré et surtout sans prudence comme sans patriotisme encouragé. — Oui, si nous sommes des hommes pour nous battre ; oui, si nous sommes tous des Français pour nous réunir. — Oui, si l'Assemblée se montre, dès le premier jour, d'autant plus résolue à défendre même par la guerre, s'il le faut, une paix sûre et honorable sans abandon de territoire, qu'elle sera, j'en suis convaincu, plus pacifique et pourra hautement le déclarer et le faire croire. — Oui, si la Chambre, dès le premier jour, d'autant plus révolutionnaire sans danger, pour la défense et la guerre, si malheureusement elles sont nécessaires, qu'elle sera, j'en suis convaincu, plus conservatrice pour la politique et la paix, se met fièrement à la tête des hommes, des Français et du pays pour leur souffler et organiser le courage et le patriotisme.

Ils sont bien affaiblis, il faut en convenir, ces nobles sentiments ; Qu'en ont-elles fait, les idées matérialistes, humanitaires, socialistes et athées ? Le patriotisme, elles l'ont bien amoindri en détruisant la patrie dans la famille, dans la nation, dans le ciel, pour nous faire les citoyens de l'Etat, du monde entier, rien que de la terre. Il a bien peine à surnager ce sentiment, si éminemment Français autrefois, du courage dans cet océan boueux de la matière, des jouissances et de corruption où ces idées nous ont plongés jusqu'au cou. Tous les deux ont été cependant notre partage, durant toute notre histoire, hier encore, pas aujourd'hui. Aujourd'hui ! je ne les ai que trop vus en pleine défaillance à Sédan !

Ils ne sont pas tout à fait morts cependant ; et il dépend de l'assemblée, si elle le veut, si elle en a besoin pour la paix, de les réveiller, de les élever et de s'en servir. Elle les a en elle, en elle est la nation ; elle vient de sortir de son sein : qu'elle lui par le courage, dévouement, patrie, mort, même gloire, et nous verrons si ces grandsmots qui, si souvent ont fait vibrer les cœurs de nos pères et enfanté des prodiges, y tomberont sans échos, en cemoment où ils signifient tant ! que cependant quelque réponse fière et ferme à des exigences hautaines et insolentes du Prussien ait à s'échapper de sa poitrine et nous verrons si 40 millions de poitrines ne lui répondront pas par des cris d'enthousiasme, de vengeance et de sacrifices ; et nous verrons si des millions de poitrines, ne passant pas des paroles aux faits, ne se présenteront pas invincibles aux ennemis pour les surpendre en détail et porter par cette guerre étrange et contraire à la science, dans leurs âmes fortement ébranlées déjà par sa continuation, l'étonnement, le découragement, l'épouvante peut-être, et la démoralisation.

Dans l'état désespéré où est notre pauvre France chérie, cette folie peut être obligatoire ; Elle vaut la peine d'être tentée ou tout au moins indiquée ; dès le début, nous en avons dit les motifs, Elle peut être la vraie sagesse. Un peuple, et un grand peuple qui ne veut pas se rendre ne saurait être amené à capituler. Le ferait-il, il serait plns difficile à garder qu'à conquérir. Elle peut réussir, si l'Assemblée la veut et en a la sauvage énergie, Si, rassurante pour tous à cause de ses opinions éminemment conservatrices et rassurée elle-même par sa propre force qu'elle tient de la nation, elle ne craint pas de se donner à elle toute entière, d'avoir en elle une confiance absolue et d'user envers elle, s'il le faut, de moyens violents, dictatoriaux, en dehors des règles ordinaires, et, sous ce rapport seulement, révolutionnaires : *Salus populi suprema lex esto !*

XXIV

Que devrait donc faire l'assemblée ?

Se constituer souveraine, dès le premier jour et gouverner d'abord par un ministère sans partialité et le moins d'exclusions jusqu'à la conclusion de la paix ; — Ecarter immédiatement toutes les questions autres que la question de guerre ou de paix, concentrer, de cette manière, sur celle-là toute son union, sa force, son énergie et, ainsi, toutes les puissances vives et honnêtes de la nation entière ; — Déclarer, dès lors, solennellement, qu'elle veut la paix, mais ne recule pas devant la guerre ; négocier d'un côté en refusant péremptoirement toute tentative de brusquer seule un traité qui intéresse toute l'Europe, en demandant une prolongation d'armistice et un Congrès, et envoyant, sur le champ, sans être reconnue. Elle est la France, notre représentant à la conférence de Londres, depuis trop longtemps réunie en dehors de nous ; armer de l'autre en maintenant, en augmentant même, surtout en disciplinant et perfectionnant, tous nos armements avec la plus grande sévérité.

Tout cela doit être fait avec le calme, la modération, mais la fermeté d'une assemblée sage et conservatrice qui a conviction d'être la France et qui entend lui rendre la paix, mais aussi le salut, sans moyens extrêmes, sans désespoir.

Mais que la Prusse ne lui montre ni de trop insolentes hauteurs, ni d'exigences trop impitoyables, au-delà de nos justes susceptibilités et de nos concessions possibles ; qu'elle ne lui jette jamais à la face l'insulte et le cruel : *Væ victis !* Une assemblée française ne devrait pas le souffrir. Composée de propriétaires, d'industriels, de commerçants, d'ouvriers, de pères de famille, d'envahis, « quoiqu'elle partage ainsi tous les maux que la « guerre nous a fait souffrir et soit obligée aux mêmes sacri- « fices que nous, si elle reprend encore, quoiqu'elle ait fait voir « à l'Europe qu'elle désire sincèrement de nous faire jouir de la « paix, elle sera persuadée que nous nous opposerions nous-mê- « mes à la recevoir à des conditions également contraires à la « justice et à l'honneur du nom français ». *(Adresse de Louis XIV lors des désastres de la guerre de Succession).*

Qu'elle fasse un appel à la nation ainsi que le fit encore Louis XIV qui était, je vous l'ai dit, « un Roi vraiment *national,* malgré ses fautes et ses revers, malgré les murmures et les libelles populaires » ; *(Th. Lavallée, Hist. de France, tome III, page 349)* « Et ce ne sera, comme alors, qu'un cri d'indignation et de vengeance ; ce ne seront que propos de donner tout son bien pour soutenir la guerre et d'extrémités semblables pour signaler son zèle ». *(Saint-Simon, T. VII. page 208 .)*

Qu'elle déclare « la Patrie en danger » sans craindre de rappeler ni de ressusciter le retour, même le souvenir d'aucune des terreurs de l'époque néfaste où ce cri se fit entendre. Elle est conservatrice, forte et l'expression la plus fidèle de l'universelle majorité du pays qui ne veut plus des révolutions ni des révolutionnaires.

« Et je suis convaincu que, comme tout grand peuple, quand « son gouvernement lui donne l'exemple, se défend », la France se défendra. « Les masses d'hommes bien conduites ne sont « jamais lâches, il n'y a de lâches que les chefs, quand ils se « retirent. Je sais qu'il y a des esprits forts qui veulent faire le « monde à leur image, qui ne voudraient pas se défendre et qui « disent que Paris, en ce moment, disons depl us la France ne se « défendront pas. Je m'adresse à l'histoire de l'humanité tout en- « tière : il n'y a pas de peuple qui ayant un grand chef avec un « grand caractère, qui lui a donné l'exemple, ne l'ait pas suivi. « Je suis convaincu que Paris se défendra..., ajoutons la France. « Bien plus, je suis convaincu que, quand même nous le voudrions « nous n'empêcherions point Paris de se défendre ». Belles et prophétiques paroles ! prononcées en décembre 1840 par l'honorable M. Thiers que Paris n'a pas démenties et que la France ne démentirait pas, si l'assemblée avait besoin d'elle pour la guerre.

Qu'elle organise donc le pays, si ses tentatives pacifiques, hautement avouées et sincèrement essayées, l'amènent à une guerre forcée.

Qu'elle organise la guerre barbare, c'est-à-dire Prussienne, comme nous avons vu que l'Allemagne nous l'a fait, et mérite que nous la lui rendions.

Qu'elle la lui déclare éternelle, c'est-à-dire sans fin possible par un traité après notre délivrance, sans relations internationales à tout jamais rompues avec elle après son expulsion et avec une interdiction formelle et sans terme aux Allemands d'entrer, à l'avenir, en France qu'ils n'ont que trop, dans le passé souillée de leurs espionnages et de leurs déprédations.

Qu'elle organise, dans ce but, le patriotisme et le courage des populations et leur haine des ennemis. Qu'elle les excite par toutes ses mesures, ses actes, ses paroles, dans toutes les circonstances et dans tous les évènements. Qu'elle ordonne, par exemple, qu'un journal aille, tous les jours, porter jusque dans nos plus petites communes le récit détaillé et commenté des atrocités qu'ils commettent.

Qu'elle y soit inscrite une des premières, l'histoire lamentable de cette pauvre mère qu'ils ont rendue folle par leurs infâmes cruautés. C'était une grande dame, d'une grande noblesse, d'une grande éducation, portant haut, en son cœur, confondus ensemble dans ses traditions de famille, le culte de la France et de ses aïeux. Les hostilités, dès les premières rencontres, lui avaient enlevé prisonnier un de ses fils qui fut emmené en Allemagne, et conduit les ennemis dans un de ses châteaux, voisin de la frontière. Ils le pillèrent après avoir incendié ses fermes, ravagé ses champs, massacré les paysans. Pendant le sac, elle avait été avec son mari attachée aux pieds d'un lit, et là, de ses propres yeux, avait vu son fils, tout jeune encore, à qui ils trouvaient la tournure trop militaire, fusillé; fusillée aussi sa fille de 19 ans, souillée, devant elle, du dernier et du plus épouvantable des outrages; fusillé aussi son mari, mort déjà avant, de la douleur d'assister, impuissant, à ces horreurs qui paraissent impossibles. Ils l'épargnèrent; elle était folle. Depuis, mêlant dans sa raison obscurcie, le culte de la France et des aïeux avec celui de ses concitoyens et de ses enfants; dans sa douleur égarée, les catastrophes du pays avec les malheurs de sa famille, on l'entend, incohérents et déchirants, pousser de sa poitrine de mère et de Française les cris : Mes enfants, mon mari, ma fille ! Horreur !

Vengeance ! La France, Clovis, Charlemagne, Saint Louis........
Vengeance ! Les Prussiens, barbares, bourreaux, vengeance !..
Vengeance !!... selon que son imagination sans guide déroule
sous ses yeux tantôt les scènes douloureuses dont elle a été la
victime, tantôt le sinistre tableau des malheurs de la France ; ou
que, franchissant même les limites du temps, elle emporte ses
souvenirs au milieu des faits les plus glorieux de notre histoire,
comme regret et consolation des misères d'aujourd'hui et espé-
rance d'un retour meilleur pour demain.

Cette femme, cette mère, cette Française, vivant de douleur
dans le présent, mais remontant par les hallucinations de son
intelligence affolée et de son cœur meurtri dans les profondeurs
les plus éloignées du passé, y tenant par ses ancêtres, semble y
avoir pris naissance, avoir traversé vivante les fastes de notre
histoire pour se présenter aujourd'hui devant nous comme l'in-
carnation la plus désolée et la plus vraie de notre mère à tous, de
la France, de la France bien-aimée et bien malheureuse.

France évoquée, France vivante, toutes deux vous avez perdu
vos fils ; ils les ont tués sur les champs de bataille, pris dans les
citadelles et envoyés prisonniers en lointain pays étranger ; ailleurs, les autres, ils les ont assassinés. — Vous avez perdu vos
fermes, vos maisons, vos villes ; ils les ont brisées et incendiées,
quoique ouvertes et sans défense, avec leurs canons, leurs obus,
leurs bombes incendiaires ; vos filles, ils les ont violées ; vos
demeures, ils les ont pillées, mises à rançon et à sac.

La pauvre mère est folle, elle pleure toujours, ne veut pas se
consoler ; elle n'a plus ses enfants. Comme elle, la France est
aussi attristée, mais pas encore inconsolable ; elle est intacte
dans sa grande famille ; elle attend, impatiente et morne, la dé-
cision de ses représentants.

Derrière eux, s'abritant sous leur protection, y comptant, elle
serre contre son cœur avec frénésie et amour ses deux filles
bien-aimées, la Lorraine et l'Alsace. Fières et résolues, celles-ci
ne veulent pas s'en détacher. — Voyons qui aura le courage et
la cruauté d'aller les lui arracher !.. Voyons qui aura le courage
et la cruauté de la frapper ainsi au cœur, cette mère chérie, d'une
douleur éternelle !... *Et noluit consolari quia non sunt.*

L. de RICARD.

Ancien membre du Conseil général de l'Hérault.

Note ajoutée à cette nouvelle édition.

Ces réflexions, cet exemple terrible de l'histoire, sont là pour prouver combien seraient redoutables les conséquences de la neutralisation de la Lorraine et de l'Alsace. Quelques-uns, sans réflexion et sans patriotisme, par un trop grand désir de repos, le repos de la mort, afin de ne pas le compromettre et sous prétexte d'éviter à ces nobles Provinces la domination détestée de la Prusse, paraissent bien bénévolement accepter un si triste compromis. Je ne sais s'il ne serait pas plus préjudiciable à leurs intérêts et à ceux de la France que l'abandon complet, absolu par la conquête, l'abandon cédant à la force. Ce que la conquête et la force auraient enlevé à la France, elle pourrait, par la conquête et la force, le reprendre ; elle n'aurait, dans ce cas, à compter qu'avec la Prusse ; dans celui d'une neutralisation que cette dernière ne concédera qu'avec la garantie de l'Europe, c'est de l'Europe entière et de chacune de ses puissances, de la plus petite d'entre elles en particulier, garantes du traité, qu'elle aurait à prendre la permission de briser le cercle de son investissement.

L'infernal Bismarck l'a bien compris et c'est plus dans cette conviction d'assurer également les intérêts de l'Allemagne et par la crainte, ou de nous pousser à bout ou de trop irriter l'opinion publique en se montrant trop exigeant, que par grâce, qu'il semblerait, peut-être aujourd'hui, se contenter de cette neutralisation.

Il l'étendra certainement jusqu'aux Alpes et aux bords de la Méditerranée ; il ressuscitera ainsi, en partie, la zone neutre du royaume de Lothaire, mais se gardera bien d'y joindre, comme alors, ses provinces Rhénanes qui la complétait jusqu'aux bouches du Rhin. Cela lui coûterait trop cher et ne lui est pas nécessaire pour bien fermer l'emprisonnement définitif de la France. La Belgique et le Luxembourg l'ont commencé, là depuis longtemps ; la Suisse, ailleurs. Il le termine et, par la garantie des autres puissances, préposera l'Europe à notre garde. Elle deviendra tout entière notre geôlière. Combien de fois, depuis 1830, même depuis 1815, avons osé en sortir ?

La Prison de cette nation turbulente, guerrière, novatrice, révolutionnaire, aux armes et aux idées envahissantes, qui en ont fait, jusqu'à ce jour, le chevalier errant de tous les faibles, de tous les malheureux, de tous les opprimés, sera bien, enfin, trouvée, solidement édifiée, sévèrement gardée. Vous le pourrez en tout repos, dès à présent ; pressurez vos peuples, ô monarques ; comprimez leurs aspirations de liberté et d'améliorations; Gouvernements, — Abattez chez vous, impitoyablement, les nationalités et leurs représentants, même couronnés, ô Prusse ; Inféodez-vous-les ; prenez la Hollande, ses ports vous sont nécessaires, vous voulez être une puissance militaire maritime ; vous voulez faire le Rhin entièrement Allemand. Ecrasez l'Autriche, ou tout au moins ses provinces allemandes, n'a-t-elle pas, après la Souabe et la Bavière, tenu, autrefois, l'Empire d'Allemagne ? Envahissez même l'Italie, n'est-ce pas de cette nation, qui a été souveraine du monde, qu'ont hérité les Empereurs Germaniques, ne l'ont-ils pas possédée ; Allez à Rome, n'est-ce pas dans cette ville, capitale de la monarchie universelle, qu'ils allaient, autrefois, en recevoir l'investiture et l'Empire d'Occident rétabli ?

La Russie aura, à l'avenir, ses coudées franches pour faire valoir et réaliser ses prétentions : Comme nation Slave, perfidement d'abord et pour leur malheur ensuite, sur le restant de l'Autriche, la Bohême et la Hongrie, les Principautés du Danube, la Pologne ; Comme exécutrice fidèle du testament de Pierre le Grand, comme puissance schismatique grecque, ostensiblement, au grand jour sur la Grèce et le *malade*, son voisin, qui sera bien mort, cette fois, privé des soins et des secours de la France, Elle en jettera, triomphante, le cadavre à la mer Noire, les héritiers dégénérés et épouvantés en Asie, et prenant dans Sainte Sophie, la double couronne d'Empire et de Papauté, rétablira à Constantinople, dans l'antique Bysance, un nouvel Empire d'Orient autrement fort, autrement puissant que celui du dernier monde Romain, si corrompu et si dégénéré. Un sang nouveau et vigoureux d'hommes du Nord coulera en effet, à l'avenir et pour toujours, dans ses veines. Ses guerriers ne seront pas abâtardis et ne pourront même pas le devenir, comme dans le passé de ces peuples, par les délices et les douceurs énervantes d'un climat portant aux plaisirs et au sommeil. Ne se renouvelleront-ils pas, ne se retremperont-ils pas, sans cesse, des fournaises de l'Egypte et de l'Inde aux glaces du Pôle et de la Sibérie, dans les limites nouvelles et démesurément agrandies de leur Empire? Ne s'étendront-elles des côtes de l'Adriatique et de la Méditerranée à celles des mers du Nord et des Indes, des rives du Nil à celles du Danube, de l'Euphrate même du Gange?

Entre ces deux colosses, entre ces immenses Empires d'Orient et d'Occident renouvelés, ne pourra-t-il pas se faire, l'Esclavage du monde? Sus à la cuvée des Royaumes et des Peuples; Panone, Danemarck, il faudra passer enfin sous leur joug; Suède, Norwège vous ne serez bientôt plus que partage entre eux; à la Prusse, assise par l'Italie devenue sa conquête, sur la mer Méditerranée: l'Afrique, son vis-à-vis ; à la Russie, par ses steppes de la mer Caspienne et de la mer Blanche, par ses plaines de l'Anatolie et de l'Euphrate : l'Asie, l'Inde par conséquent. A l'Allemagne et à la Russie, l'Empire partagé du *monde* !

L'Angleterre s'y opposera-t-elle, bloquée dans son île par la mer, sa prison dans l'avenir, plus son royaume comme dans le passé ?

La France qu'elle aura laissé bloquer dans sa zone neutralisée, sera impuissante et aura donné sa démission des affaires de ce *monde*.

A leur tour, toutes deux, elles deviendront les tributaires si elles ne tombent pas plus bas, ses sujets même de la Russie et de l'Allemagne.

Les aigles, vrais oiseaux de proie, de ces nations sans foi ou sans civilisation planeront en maîtres, sur elles.

Sur ce monde esclave et anéanti, l'une promènera ses Cosaques, l'autre, en la suivant, après leurs ravages, étendra le drap mortuaire *noir et blanc* qui lui sert de bannière avec son aigle noir sur champ blanc, son blason, pris aux chevaliers militaires et religieux des *Borusses*, ses premiers peuples, dont elle a fait disparaître la croix et signifiant : *Les ténèbres étouffant la lumière sans signe ni gage de résurrection !*

Ainsi vivra ce monde !... quand la France en aura disparu.

TABLE DES MATIÈRES.

Pages

9 782012 399822